续 航

均衡公平　乡村振兴

主　编◎赵宏亮

副主编◎綦慧娟

编　委◎朱应凯　顾秀雯　丁春艳　郑晶晶

U0736691

中国海洋大学出版社
·青岛·

图书在版编目（CIP）数据

续航：均衡公平 乡村振兴 / 赵宏亮主编. —青岛：
中国海洋大学出版社，2022.11
ISBN 978-7-5670-3373-3

Ⅰ.①续… Ⅱ.①赵… Ⅲ.①农村学校—师资培
养—中国—文集 Ⅳ.①G451.2-53

中国版本图书馆CIP数据核字（2022）第238366号

出版发行	中国海洋大学出版社
社　　址	青岛市香港东路 23 号　　邮政编码　266071
网　　址	http://pub.ouc.edu.cn
出 版 人	刘文菁
责任编辑	孟显丽
电　　话	0532-85901092
电子信箱	1079285664@qq.com
印　　制	青岛国彩印刷股份有限公司
版　　次	2022 年 11 月第 1 版
印　　次	2022 年 11 月第 1 次印刷
成品尺寸	170 mm × 230 mm
印　　张	11.75
字　　数	197 千
印　　数	1 ~ 1000
定　　价	45.00 元
订购电话	0532-82032573（传真）

发现印装质量问题，请致电 0532-58700166，由印刷厂负责调换。

目 录

板块一　坚定信念，深耕乡村教育

不忘初心，做新时代乡村教育的追梦人　　　　　　李凯开 ◎ 002

多措并举关爱农村"问题"学生　　　　　　　　　台功花 ◎ 006

教系山水间　学为智慧师　　　　　　　　　　　　刘　峰 ◎ 011

把大自然还给学生，让劳动教育为人生奠基　　　　蒲春雷 ◎ 016

乡村振兴背景下乡村教育特色化发展的道路阐释　　刘建设 ◎ 022

新时代劳动教育的乡校实践　　　　　　　　　　　张鸿勤 ◎ 026

献身小学教育事业　倾情支援西部地区　　　　　　李承虎 ◎ 032

用爱支撑一片蓝天，用心托起祖国明天的太阳　　　朱玉红 ◎ 035

扎根乡村献青春　辛勤耕耘终不悔　　　　　　　　刘治海 ◎ 039

初心写就乡村杏坛探索路

　　——我的乡村教育故事　　　　　　　　　　　昌中南 ◎ 043

板块二　播撒爱心，守望童心

让每一个学生都能感到幸福　　　　　　　　　　　兰娇娜 ◎ 050

为梦飞翔　　　　　　　　　　　　　　　　　　　褚存红 ◎ 054

爱心浸润，静待花开　　　　　　　　　　　　　　王彩君 ◎ 057

每一个生命都值得期待　　　　　　　　　　　　　王爱民 ◎ 061

我和幸福有个约会　　　　　　　　　　　　　　　官卫坤 ◎ 065

守初心　铸师魂　　　　　　　　　　　　　　　　汪　萍 ◎ 069

吴思悠　　　　　　　　　　　　　　　　　　　　王巧丽 ◎ 073

扎根农村，呵护纯真童心　　　　　　　　　　　　刘秀珍 ◎ 076

教育的本质就是人点亮人

　　——基于甘肃礼县支教的思考　　　　　　　　何　琳 ◎ 080

春风化雨育桃李，润物无声写春秋　　　　　　　　郑亮照 ◎ 085

板块三　且行且学，夯实专业知识

"大鹏一日同风起，扶摇直上九万里"

　　——记我的讯飞智慧课堂故事　　　　　　　　邵志奇 ◎ 090

且行且学，夯实专业知识

　　——对小学数学教学的再思考　　　　　　　　张永芳 ◎ 095

坚定"双减"信念，切实提升乡村中小学生语文素养　陈培芹 ◎ 099

读中探趣，法中推进，夯实文言

　　——小学初学文言文教学方法之我谈　　　　　袁丽丽 ◎ 103

且行且学，做一个有料的良师　　　　　　　　　　韩美令 ◎ 107

加强信息技术教育教学　提高学生信息技术素质　　刘海霞 ◎ 111

自旋电子学功能材料概述　　　　　　　　　　　　顾秀雯 ◎ 115

坚定信念，以体育人　　　　　　　　　　　　　　刘　超 ◎ 119

浅析青少年的叛逆心理　　　　　　　　　　　　　王佩杰 ◎ 123

且行且知　且行且悟　　　　　　　　　　　　　　于淑云 ◎ 127

价值多元化背景下学校德育的困境及出路　　　　　张　敏 ◎ 130

板块四　自我革新，提升课堂实效

农村初中构建道德与法治有效课堂初探　　　　　　孙泽林 ◎ 134

创意劳动，创新写作

遇见美好《让生活更美好》作文教学案例　　　　　　　　徐迎春 ◎ 137

农村小学英语有效教学策略

——好习惯之课前三分钟　　　　　　　　　　　　　　隋　欣 ◎ 142

浅析构建高效初中美术课堂的策略　　　　　　　　　　刘继斌 ◎ 146

小学英语课堂"情境再构"助力"双减"落地　　　　　王巧丽 ◎ 150

转变语文教学模式，让语文教学生活化　　　　　　　　邢月松 ◎ 156

初中语文教学中多元化教学路径探析　　　　　　　　　于子志 ◎ 160

探讨小学信息技术课教学的生活化　　　　　　　　　　郑晶晶 ◎ 163

为人生，还是为生存

——高中议论文写作教学的反思　　　　　　　　　　鉴　伟 ◎ 166

对农村小学数学教法的几点思考

——如何缩小城乡数学教育的差异　　　　　　　　　彭爱波 ◎ 174

运用游戏教学法构建中职幼师英语新课堂　　　　　　　綦慧娟 ◎ 178

后记　　　　　　　　　　　　　　　　　　　　　　　赵宏亮 ◎ 181

板块一

坚定信念，深耕乡村教育

　　在教育的百花园中，百花吐艳离不开园丁爱的奉献；在金秋的硕果园里，硕果累累离不开耕耘者用心的浇灌。有这样一群人，不忘初心，深耕乡村教育，奉献青春，做新时代乡村教育的逐梦人，用爱支撑起一片蓝天，用心托起祖国明天的太阳。

不忘初心，做新时代乡村教育的追梦人

青岛平度市仁兆镇仁兆小学　李凯开

　　"木桶理论"又称短板理论，是我国目前经营管理学派和理论实践中的一个重要理论观点。它的主要观点是，一个木桶的最大盛水量取决于最短的木板。将这个理论推及我国教育事业亦是如此。现如今，城市教育与乡村教育在一些方面仍然存在差异，乡村教育事业成了整个教育事业的短板。因此，为了促进城乡义务教育均衡发展，我们就必须补齐短板，从而全面提升义务教育水平。

一、守初心，回归教育本质

　　在乡村教育与城市教育存在差异的背景下，乡村教师这个光荣而伟大的事业成了补齐短板的一个重要因素。"全国广大教师用爱心和智慧阻断贫困代际传递，点亮万千乡村孩子的人生梦想，展现了当代人民教师的高尚师德和责任担当。"对教师而言，传道、授业、解惑是教师的根本职责所在。一棵树摇动另一棵树，一个灵魂推动另一个灵魂，教育的本质并不是单向的灌输，而是唤醒人的内心；需要教师用责任、包容、勇敢去感化每一个学生。一名教师，一旦失去了爱和激情，那他的教育便没有了灵魂。当我们去接近叶圣陶、陶行知等著名教育家的时候，我们便能清楚地感受到他们的教育魅力。他们几乎终身都在为怎样才能让我国年轻一代的广大学生成长为优秀的、对党和国家有重大贡献的人而努力，他们的伟大贡献使他们成为每一个乡村教师的榜样。

二、怀初心，不待扬鞭自奋蹄

　　每当我站在讲台上的时候，看着那一双双渴望知识的眼睛，我总在想，我何德何能能站在这里为孩子们讲课。我没有华丽的辞藻，只有一颗朴实无华的育人之心。只要在每一节课中用爱心和耐心去对待孩子们，用自己的专业知识去上好每一堂课，这便是对"师者"二字的最好诠释了。我要做一名学习型教师，在每一次教学过程后反思自己，深耕教育事业。我要成为一名研究型教师，在教学中自我革新、不断提升课堂效果，与学生共同进步。

新时代，教育事业如火如荼。乡村教师一定要积极投身于我国现代教育事业，挖掘每个孩子自身的学习潜能，鼓舞和激励每个孩子，激发他们的内在驱动力，争做一名能够推动乡村教育事业发展的新型教师。"弄潮儿向涛头立，手把红旗旗不湿"，我们要始终坚持教学相长的理念，坚持追求新理念、新思想、新方法、新教育；在教学形式、教学内容、教育教学理念等方面，如果只做旁观者甚至拒绝创新，我们就会落后于时代，进而被时代所抛弃。

三、担使命，新时代乡村教育探索

回头看自己的乡村教育之路，先进的教学实践理念确实可以帮助教师从以前传统的"教"，转为新的"引"。我们教师的角色从知识的传统传授者，逐渐转变成引导学生自主学习和自我发展的积极推动者；在课程管理方面，我们从传授课程教学知识的忠实者和执行者，逐渐转变为课程内容的管理体系技术建设者和开发者；在乡村教育教学过程中，我们从"教书匠"逐渐转变为学生的学习引路人。教师课堂上的任务从原来的教转换成组织学生去学，完成这样的教学任务才算是完成了自己的光荣使命。角色的转变，要求我们乡村教师积极培养学生的独立性与主动性，引导他们独立自主参与学习、教育、生活等，由被动地学习转为主动地获取。教师要牢固树立先进的社会主义教育理念和教学思想价值观，为乡村教育振兴提供充足动力。

著名教育家陶行知指出："生活即教育，教育是从生活中来，从生产中展开。"所以，用生活的经验来教育，是学生最喜欢的方法。乡村教师除了要充分发挥经验引导、发挥广大乡村学生的独立学习性与主动性外，还要采取模拟教学、教师演练、观摩学习等多种形式的教学方法，使学生在体验学习的过程中充分掌握要学习的知识，提升教育实践效果。一名教师，要深知与生为友的道理，要经常与学生进行换位思考，只有这样，才能够在接近学生、认识学生、了解学生的基础上更好地教育学生，而这样的做法也有利于师生之间交流的深入。所谓教学，其实也是一个教学相长、共同进步的过程。唯有师生一起学习、共同进步，才能助力乡村教育事业更好地发展。

四、谋发展，乡村振兴教育先行

教育振兴是乡村振兴的重要支点，发现教育问题更是乡村教育发展的关键所在。目前，部分地区的中小学乡村教育暴露出一些倾向性问题。一是部分教师功利心过重，在长期的工作之中遗失了自己的初心，在当前经济浪潮的冲击下，一些地方政府和学校过分强调经济社会发展的要求，忽略教育的本质，将教育与利益本末倒置。二是家庭教育指导方面，家庭教育问题在乡村学校中更加突出，农村家长大都是以传统的教育理念甚至是自己小时候父母的管教方式去教育自己的孩子，个别家庭对自己的孩子不管不顾。家校社共育是孩子全面发展的有力支撑。教师在推进家庭教育时要掌握好家庭教育指导方向，搭建合理的家庭教育平台，着力促进农村家长进行自我教育，让家长意识到家庭教育对学生的重要性。当然，学校也应该与家长一起共同重视起学生的教育问题，一起发力，才能让学生有一个美好的未来，乡村教育事业才能取得跨越式进展。三是在"双减"政策出台的背景下，学生的德、智、体、美、劳等方面都应该得到全面发展。教学不应该只注重课本上的知识，更应该在此基础上激发学生的创造能力和创新精神；不应局限于课本知识，更要在开齐开全课程的基础上重视学生核心素养的发展。另外，师资力量的强弱直接影响到教学质量的高低。在一些农村小学，尤其是偏远的村办小学，因交通不便利、生活不方便等，使得农村小学的师资力量相当薄弱，教师队伍老龄化，年轻教师有机会就会选择考进或调入城里，没有离开的教师内心也是蠢蠢欲动、浮躁不安。学校教师队伍中，一部分人教学观念落后，教学结构不新颖，教学方式落后，知识结构老化，英语、体育、音乐、美术、计算机等特长教育的专职教师严重缺乏，甚至有些教师身兼数门课程，这些都不利于教学质量的提高和学生核心素养的发展。随着老百姓生活水平的提高，人们对优质教育资源的向往越来越迫切，都想为子女提供更加优质的教育环境。因为在大多数人心目中，城镇学校的教学质量更高，师资水平也更高。学习成绩好点的子女如果在城镇上学，往往能学到更多的东西。因此，留在农村的学生人数不断减少。现在，乡村学校的大多数孩子是留守儿童，父母常年不在身边。孩子回家后电视、电脑、手机常伴。不仅如此，隔辈亲导致爷爷奶奶容易娇惯他们，行为习惯、学习习惯没有得到很好的培养，部分家庭出现家长不敢管和管不了的问题，为学校教育和管理增加了很大的难度。

五、勇追梦，助力乡村振兴一起向未来

尽管存在上述的一些乡村教育问题，乡村教育工作者也要坚定信心和信念，不断夯实专业基础，注重培养学生的身心健康，为乡村教育事业奉献自己，为乡村教育事业续航。我想，这是我们的使命，更是我们的担当。我们要付诸一切行动与努力，让烛光点亮农村孩子的梦想，为乡村振兴注入自己的力量。

多措并举关爱农村"问题"学生

青岛胶州市铺集小学　台功花

农村校园里"问题"学生无处不在，出现问题的原因多种多样，有的是因为错误的关爱，有的是因为父母离异，有的是因为"留守"……这些学生或桀骜不驯，或关闭心灵，或做出令人难以接受的事情……如果他们在童年时代得不到及时的关爱和疏导，就有可能形成不可逆的大问题。为了更好地关爱这些儿童，我以对一个"问题"留守儿童的关爱作案例，说说自己是如何运用多种方法，通过多种渠道呵护她的心灵、帮助她走出阴霾的。

一、了解信息

每接手一个新的班级，我都会对每一位学生的家庭情况进行详细的了解，通过了解他们的成长环境，更好地摸清楚他们的性格特征，方便后面班级管理工作的顺利开展。

今年接手新班级之后，我和往常一样统计学生的基本信息和家庭成员状况，意外发现一名"真正的"留守儿童，这里称她Y吧。她爸爸、妈妈离异，爸爸在遥远的东北结婚生子，而妈妈又到了远在千里之外的苏南重新组建家庭，又有了宝宝，Y只能在我们这里跟着外婆生活。爸爸从来不过问孩子的情况，妈妈只是偶尔打个电话，一年到头见不到人影。我担心在这样的家庭里长大的孩子思想会走偏，所以开学的前一段时间，我经常观察她的言谈举止，她除了郁郁寡欢外没有其他的不良行为。我还不放心，暗地里找来其他学生询问她的思想状态，并没有发现异常，这样我就心安了。

二、发现问题

就在我对这个留守儿童刚刚放心之后的一个周五上午，我正在上课，政教处领导突然来找Y。当时我没有多问什么，就让她去了。她去了接近一节课的时间，要下课的时候老师才把她送了回来，同时告诉我一个震惊的消息：Y吸烟，不但自己吸烟，还带领其他几个同学一起吸烟。这是周四放学后他们在一个小卖部里抽烟被别人发现了而告知老师的。

这还了得，小小年纪就吸烟，哪里还有心思上学？我知道此时学生心里会非常忐忑，就安慰了她一下，先让她回教室上课。

就在我下课之后，有一名学生悄悄跟过来，告诉了我另一个震惊的消息。她说以前不敢告诉我，担心Y知道后会跟她过不去。今天她从同学那里听说Y吸烟的事被老师知道了，于是就鼓起了勇气过来找我：Y还经常用小刀和烟头伤害自己，只因为她和在网上谈的一个男朋友分手了，现在"失恋"了。如果老师不信的话，可以看看她的胳膊，小刀划过的痕迹和烟头烫过的疤痕清晰可见……

听了这样的信息，我的心情久久不能平静，在她身上存在多少问题呀？吸烟、早恋、自残……还有没有其他的问题？我不知道。那天我忘记了吃午饭，一直在思考着如何帮助这位学生。我知道这个任务很艰巨，但是我愿意尝试，况且我已经运用我的教育智慧帮助了很多"问题"孩子了。

三、与孩子沟通

我开始给她写信，这是我与孩子沟通的法宝。有了思路就好办了，我开始回顾这段时间以来和她在一起的点点滴滴，回顾着她的细微亮点。于是，我就从肯定她的成绩（她是我们班一号学生，体育也是班级中的佼佼者）开始，接下来帮她分析家庭的状况，跟她讲抽烟的害处，还运用了一些身边人的事例和名人警句告诉她该如何做等。信发出去的当天晚上，我就收到了Y给我的回信：老师，您放心吧，我一定不会辜负您对我的期望，一定会努力学习的。

收到她的书信之后，我找了一个时间约她到偏僻的角落，看了看她胳膊上的伤，我抚摸着它们，然后用力地和她拥抱了一会儿。这一次，我只告诉了她一句话：身体发肤受之父母，不可轻易伤害。无论遇到什么困难，都要珍爱身体和生命。她就在这次对我敞开了心扉，告诉我自己的家庭情况，目睹了爸爸出轨，在家里得不到爱就从网上认识了一个大男孩，可是不久之前他"爱"上了别人……听着孩子的哭诉，我也泪水涟涟，仿佛看到了她痛苦的经历。我再一次抱住了她。

后来，我除了经常利用一些课余时间和她沟通外，还经常和她保持书信交流。渐渐地，我们成了无话不谈的亦师亦友的关系。

四、家校合作

孩子的意志力是不够坚定的。尽管她对我表达了决心，我们的关系处得也不错，但我还是不够放心。于是，我想到了应该联系孩子的妈妈，跟她交流，形成家校合作的力量给孩子营造良好的成长氛围。很遗憾，我拨打孩子妈妈的电话，没人接；加她微信，没加成。我在群里发消息，让她联系我。然后我给她写了洋洋洒洒几千字的信，就等着她加我的微信后发给她，让妈妈看看该如何陪伴孩子、如何让孩子健康成长。然而，时间一天天过去了，我写好的信成了无法送达的"休眠文字"。这可怎么办呢？教育一个学生，绝对不是靠老师单方面的力量就能实现的。思来想去，我只好退而求其次：联系Y的外婆。

我跟Y的外婆交流了不止一次了，家访、家长会多次谈到了对Y的教育问题的担忧。Y的外婆也表示很无奈，自己有点跟不上时代节奏，孩子妈妈在外地刚刚生了一个小孩，根本无暇顾及Y。这一次，我先和孩子的外婆简单介绍了孩子的现状和出现的问题，让她把我写给孩子妈妈的信转发给她。

1. 让妈妈多关爱

外公外婆、爷爷奶奶这些隔辈人再亲孩子，也代替不了爸爸妈妈在孩子心目中的地位，弥补不了父爱母爱的缺失。因此，应该让孩子妈妈多关心孩子。我知道家家都有一本难念的经，让孩子妈妈回来陪伴孩子，或者把孩子接到她的身边可能都是一件做不到的事情，那就争取让孩子妈妈经常通过电话、微信或者书信的形式表达对孩子的关心和爱。这对孩子心灵的成长会有很大的好处。

2. 陪伴孩子阅读

Y的作业不用操心，她完成得很好，但是缺少书籍的滋养。每天晚上，或者周末节假日，只要不外出，且孩子有时间时，家长尽量陪着孩子阅读优秀的文学作品。关于适合孩子阅读的书目我通过微信群发给家长了。家长可以购买，也可以问同学借阅。孩子读书时，家长一定要关闭电子设备，杜绝其他嘈杂的不良因素，为孩子营造一种良好的读书环境。孩子阅读后，让她讲给家长听听，家长及时肯定和鼓励她的读书收获。

3. 陪伴孩子游玩

游玩不是浪费时间，也不是放纵孩子，而是跟孩子沟通交流、亲近大自然的好时机。闲暇时跟孩子一起走进广阔的大自然，辽阔的大地、生机勃勃的万物，即使是萧条的冬季也会激发孩子心底的激情，陶冶她的情操，这也是能敞开心扉聊一些平常涉及不到的话题的时机。孩子的心扉敞开了，还有什么教育不到的地方呢？

如果家长能这样长此以往坚持爱的陪伴，孩子会身心健康地成长。

孩子外婆听了我的建议，和孩子的妈妈做了沟通，让她多关爱孩子。终于，Y的妈妈开始关心她了，她外婆也尽量照着我说的做了。后来我接到了孩子妈妈从南方打来的电话，对自己顾不上孩子表示自责，表示正在努力通过各种形式弥补对孩子的亏欠。

自从我跟Y以及她的家长交流之后，我看到她改变了很多，微笑经常挂在脸上，课余时间经常找我聊天，问问题的频率更高了。更令人惊喜的是，她和我的交流中几乎不见了负面情绪，满满的正能量。我想这是我们亦师亦友的关系、妈妈对她的关爱和外婆对她的教育方式的改变等缘故，再加上书籍的陪伴，让她树立了正确的价值观和人生观。

办法总比困难多。我就是运用这些方法去关爱着每一个暂时处于困境中的孩子的，使他们的生活拨云见日。扎根农村近三十载，我帮助了无数这样的孩子，乐此不疲。

最后，我想用陆平老师的诗句总结对留守儿童永不止息的关爱：最想做一条清澈的河流——静静地流淌，流过稻田，穿过田野，来到校园，奔向远方，滋养万物。

教系山水间　学为智慧师

青岛即墨区田横丰城小学　刘　峰

我是一名普通的乡村小学教师，在田横六和希望小学任教了22年，去年因学校合并来到了田横丰城小学。回顾23年任教历程，我是怎样从中师体育生成长为教育管理硕士的，又是怎样从新手教师蜕变为市教学能手的？我想，这与终身学习的理念息息相关，这也与成长的平台密不可分，这更得益于智者的引领。

一、终身学习　勤于总结

刚参加工作时，我就利用休息时间通过函授取得专科和本科学历。因为没有机会读全日制大学，所以心中总是对上学充满了渴望。2014年偶然的一次机会，我决定与朋友一起报名参加在职研究生考试。备考的路是艰辛的，好在有家人的支持。我白天正常工作，晚上挑灯学习至深夜，经过考试、复试、面试终于如愿拿到了入学通知书。三年间每个寒暑假，不远近千里到聊城大学就读。硕士论文经过了选题、开题报告、中期检查、查重、外审、预答辩和答辩七个环节。看似简单的七个环节，每一个环节我都全力以赴。论文中小到一个标点符号的斟酌，大到一个论点的确立，我经历了不想写、不会写、怎样写、怎样写好、怎样写得更好和我做到了的心路历程。我发现艰难地迈过去论文这一关之后，回到日常工作中处理起文件来倍感轻松。2017年12月我终于取得了教育管理硕士的学位证书。捧着学位证书的那一刻我不禁泪目，这是目前在我心目中含金量最高的一个证书。这里面饱含泪水和汗水，承载着杨光海导师的精心指导，也凝聚着同事、家人和亲友的大力支持和无微不至的关怀。

在乡村小学任教，需要兼任多个学科。平时教学中，我每一个学科都认

真对待。不论是从体育到英语，还是从语文到美术，或者是从数学到科学，每上一节课前我都认真备课，从课程标准的研读到教学用书的研究，再到教科书的反复字斟句酌。课上我善于巡视捕捉学生的易错点，及时纠正。我还善于观察学生的面部表情，是微笑的，是疑惑的，还是恍然大悟的。课下我会就学生的易错点和面部表情进行反思，写出简单的教学札记。有时候是三两个短语，有时候是一两句话。刚开始教学时会因为学生的错误而大发雷霆，慢慢发现学生的错误有时候是源于老师备课不深入，预设不充分。特别是教两个平行班，同样一节课在第二个班执教，效果就是优于第一个班，学生的出错率会大大降低。我经常向有经验的老师请教，并且随时随地带着笔记本记录。

得益于及时总结的习惯，我的多篇文章由文字变为铅字。《运动员归化：理性选择与民主主义的双重考量》于2014年2月发表在《吉林体育学院学报》上，《当叛逆中考孩陷入网课倦怠期》于2020年10月被收入青岛市科学教育研究院编的《家庭教育指导典型案例》中，《让学生爱上实验课》于2020年11月2日刊登在《即墨区教育报》上，《享受静心听课的美妙时刻》于2021年5月刊登在《即墨教育学刊》上。

二、立足实际 勇于担当

2016年9月，我开始兼任田横中心校小学视导员。2016—2017学年度，原王村有小学7所，教师131人，学生1548人。2017—2018学年度，因合并乡镇，学校数量由原来的7所增到16所。2019年9月田横中心校有小学14所，教师437人，学生2186人。学校规模差距很大，田横中心小学有13个教学班，丰城小学有9个教学班，卧龙小学有7个教学班。另外11所学校是6个教学班，其中2所学校不足100人。目前田横中心校有小学12所。田横镇面积约为16700公顷，学校分布非常分散，卧龙小学和栲栳小学分别处于田横东西两端，跨度为28千米。从中心校出发，驾车行驶最近的路程访遍14所小学大约需要一个工作日，总路程为98千米。

通过多方调查，我发现开展教研活动有一定的难度，要提高教学质量需要下一番苦功夫。基于田横中心校小学的教育现状，我反复思考该怎样做。作为乡镇中心校的一位视导员，怎样组织地域跨度这么大的学校更加有效地开展教研活动、怎样进行教师培训、怎样提高教育教学质量？这些都是迫切需要解决的问题。于是，在中心校领导的支持下，我尝试着开展工作。

首先，组建完善的教研网络组织。划定教研片区，选定教研组长，组建钉钉众星团队群，把优秀的教学网络资源发到群内共享学习。其次，组织丰富多彩的教研活动。开展支教教师示范课暨经验交流活动、拔尖教师风采课暨经验交流活动和新岗教师亮相课暨师徒结对活动等。邀请专家送教，包括各学科专家送教、"支教岛"到田横送教、心理专家送教等。再次，举行教学比赛提高教师课堂教学水平，有满三年教师过关比赛，公开课、优质课选拔比赛等。参与实验点校活动提高教师课题研究能力，依托协作体教研和教育集团提升教师专业素养。

2019年4月，我参加了青岛市中小学教师培训中心举办的青岛市乡村小学骨干教师高级研修班，进一步开阔了眼界，打开了思路。2019年10月，我撰写的《立足实际抓教研、践行责任勇担当》被即墨区教体局普通教研室收入《即墨区小学课程与教学工作会议材料汇编》中。小学教研室国静静主任总结："刘峰老师在中心校领导的信任和支持下，着眼于本镇各校的现状，有目标，有思路，有方法，有热情，开展丰富多彩的教研活动，促进了教师的专业成长。"兼任视导员5年间，我听课千余节，一堆听评课记录本珍藏至今。百余次教研活动的举行，练就了我较强的沟通、协调、组织能力。每次教研活动、培训或比赛，首先，跟中心校领导请示。其次和上级参与领导沟通。再次，只要打一个电话将活动的详情与承办学校的校长汇报，活动的会场布置、接待、安保和宣传等工作就会被安排妥当。最后，发通知参加活动。我不仅做到让同事安心、领导放心、内外齐心，还要看人长处、帮人难处、想人好处，这样，工作才会顺利开展，田横的教师和学生才能受益。

三、智者引领　敢于突破

"下个周咱镇有科学教研活动，原来安排的讲课老师病了，潘秀峰主任让你上节科学展示课。"徐立清校长微笑着说。"校长，科学课我才接手，能行吗？"我怕上不好，为难地说。"学科都是相通的，认真看看参考书，一定没问题！"徐校长鼓励我。接到任务后，我利用周末时间认真选课，仔细琢磨备课。周一在学校试讲了一次，同事们都帮着出谋划策。真没想到，周二在沙戈庄小学讲完《关节》这一课后得到听课领导和老师的一致好评。这次镇级展示课坚定了我参加课堂教学比赛的信心。后来，我参加了即墨区科学公开课展示，得到了当时即墨市综合学科教研员周春燕老师的肯定。

智者引领是我敢于突破的最大动力，千锤百炼中我的课堂教学水平也有了大幅提升。一位年轻老师说："刘主任，看你上课真有底气，你的底气是怎么来的？"我反思后笑着说："我的底气是一节课、一节课备出来、上出来的，一节课、一节课听出来、评出来的，一次比赛、一次比赛历练出来的，一个反思、一个反思写出来的。当然我也知道服气，佩服许多优秀的名师，他们那么优秀了还在继续努力，我们没有理由不努力。"

2016年7月，我执教的《关节》被评为青岛市级优课，2020年3月，我荣获即墨区小学科学优质课比赛一等奖，2020年7月被评为即墨区农村特级教师，2020年9月，被即墨区教育体育局聘为首批科学名师工作室成员，与优秀的人在一起才会更加优秀。2020年12月，我被评为即墨区教学能手。2021年3月，在我的带动和指导下，经过团队密切合作，我们学校两位教师参加即墨区工作满三年教师过关比赛，均获得区级一等奖。其中，科学课获得区优秀课例展示机会，深受原科学教研员万巧华老师的好评。在即墨区教研室孙丽君老师和索德金名师工作室成员的帮助下，在邴强校长和同事们的支持下，我于2021年11月被评为青岛市教学能手。

要想成为幸福智慧的老师，就得走上科研的道路。2020年11月，在万巧华老师的带领下，我加入"小学科学发展高阶思维的课堂教学策略研究"青岛市级课题研究组。2021年11月，我主持的区级课题"农村小学教师作业批改管理问题研究"立项。2020年11月，我获得全国职业人才认证管理中心颁发的心理咨询师证书。

为了进一步突破，博览群书是首要的选择。一场疫情，给了我足够的阅读时间。我阅读了《教育从看见孩子开始》《教师自我突围的秘诀》《三体》《微亦足道》《人生》《泰戈尔诗选》等。即墨区心理教研员邸秀娟老师推荐的《终身成长》一书，真是值得仔细品味。书读着、读着，我思考问题的深度和角度在悄然改变，生命的厚度在拓宽。

山是巍峨秀丽的，同时山重千钧。我们乡村教师教育责任如山。所谓铁肩担道义，妙手著文章。水是柔和、有力量的，同时水也是包容的。我们乡村教师要有海一样的胸怀。所谓海纳百川，有容乃大。田横丰城小学地理位置比较优越，依山傍水、天蓝海阔、风景秀丽。我爱我们的乡村教育，我愿把我的教育热情挥洒在这片教育热土上。总之，我始终坚持以智者为师，与同事为伴，深入课堂，潜心研究，思考着，阅读着，实践着，成长着。

把大自然还给学生，让劳动教育为人生奠基

青岛平度市蓼兰镇许家小学　蒲春雷

"春天盐碱白茫茫，夏天一片水汪汪，秋天到处茅草荒，只见种地不见粮。"就是在那种吃没有吃、穿没有穿的年代，平度市蓼兰镇许家村还是从生产队里挤出十几间破房子当教室，从村里选拔刚刚高中毕业的上进青年当老师，建起了小学，让孩子们有学上，在蓼兰镇树立了教育标杆。1969年，参加工作的徐秀云老师说起那时的学校情形："黑屋子，土台子，里面住着一群泥孩子。"这应该就是那时农村小学教育的真实写照。

60多年来，青岛平度市蓼兰镇许家小学（许家小学）历经14任校长（负责人）、先后有116名老师在此从教，学校培养了大批人才，仅许家小学辖区的许家村，就走出了6名博士、13名硕士和164余名大学生。许家村成为名副其实的"金许家"，曾荣获全国文明村、全国民主法制示范村等称号。

学校是思想和思想的碰撞、情感和情感的交流、生命和生命的对话的组织，它的环境氛围直接关系到学生的健康、民族的发展。陶行知先生说："活的乡村教育要用活的环境。"多年来，我们立足农村学校规模小的实际，坚持把自然还给孩子，让多姿多彩的大自然成为孩子的大课堂，以劳动教育为抓手，以挖掘资源，寻找根基—开发资源，创建基地—整合资源，彰显特色为主线，结合学校实际，因地制宜，培养学生的劳动精神，让学生从劳动中感受到通过双手创造美好生活的幸福，从劳动中领悟到劳动者的艰辛和劳动成果的不易，从劳动中学会承担家庭和社会责任，从劳动中培养勤劳、吃苦、独立、担当等优良品质。

一、挖掘资源，寻找根基

我校学生都是农民后代，从小参与劳作，与农村的瓜果蔬菜及农作物时常接触。但随着农村物质生活水平的提高，家长们不舍得让孩子们参与农活，导致他们对身边生长的农作物熟视无睹，对植物生长及管理知识几乎一窍不通，缺乏劳动意识，缺少基本的劳动技能。有的学生甚至连自己家里种的蔬菜都叫不上名字，更谈不上种植了。众所周知，动手能力、操作能力及社会实践能力的培养是现代教育理念下的基本技能，对学生的思维训练有较大的帮助。社会实践能力的培养有多种途径，结合实际、因地制宜是最好的方式。我校地处许家村南，学校周边每年都要种植各种蔬菜和农作物，非常方便学生进行实地参观，实地参与劳动。另外，我校多数教师来自农村，有着非常丰富的劳动经验，有利于指导学生的教学及实践操作。我们认为，身为一所农村学校，如果脱离了农村生活经验，脱离了得天独厚的自然资源，这对于学校的长远发展是不利的。于是，我校将劳动实践教育定为学校发展的根基和土壤，让多姿多彩的大自然成为孩子的大课堂。

二、开发资源，创建基地

按理说，农村的孩子应该会种地，其实不是这样。班级试验田，是农村小学最现实的教育基地。我们学校在操场西边的一块空地上，开辟出一小片地。每班一块试验田，种什么，各班说了算。于是，学生请来了家长，学校请来了当地土生土长的全国农业劳动模范、小麦育种专家侯元江。他们走出去参观草莓大棚、青丰农创体，学习农业技术知识。他们亲自翻地、施肥、浇水，种上了黄瓜、茄子、辣椒等蔬菜，种上了小麦、花生、玉米等农作物。劳动时，他们跟父母一起品尝艰辛；丰收时，他们与老师一起分享丰收的喜悦。通过这样的劳动，学生提高了动手能力，也体会到只有付出艰辛和劳动，才能收获喜悦和幸福。

我校硬化面积比较大，水泥路面宽敞平坦，但夏天人走上去，感觉滚烫滚烫的。学校经研究决定，将这些水泥地开垦出来种上树。季节不等人，说干就干。学生从家里带来锹和镐，老师和学生干得热火朝天，家长们知道后也赶来帮忙，砸破水泥—挖出树坑—捡走石块—换上好土—反复清理—栽上树苗—浇水—培土压实。学校又买来路边石，师生们利用休息时间，进行安装。在师生的共同努力和家长的支持下，四个黄杨圃初具规模，几十棵树就栽好了。我们体会到，立足农村实际，积极挖掘身边的教育资源，自我加压，埋头苦干，就一定能闯出特色来。

三、整合资源，彰显特色

新课程强调劳动教育中丰富学生的情感体验，强调学生劳动观念、劳动态度、劳动习惯的养成，以学生的发展为本，实现劳动教育的多途径实施和多学科整合，让教育回归生活，让学生热爱生活。

1. 加强劳动教育，探索学校德育新途径

德育创新是时代发展的要求，以润物细无声的无痕教育取代呆板的说教，对于学生来讲，具有良好的劳动习惯可以使他们热爱劳动、尊重劳动者及劳动成果，在劳动中养成不怕苦累、团结协作、勇敢探究的优良品质。

农村是一个广阔的舞台，草木根叶果、泥石沙毛羽、虫鱼鸟兽，是各色道具。如何上好劳动教育课？老师和学生联手打造，舞台上不就有了生龙活虎的主角儿，一台台好戏不都在等着我们吗？我校的东边有一个水湾，有六七百平方米，深不见底。真应了人们的一句话：有水就有鱼。学校出于安全的考虑，一再强调不准学生靠近水湾。多数学生都严格遵守，可就有这么几个学生偷偷去钓鱼了。这不，许老师马上就知道了。怎么处理他们呢？照以前，毫无疑问，准是狠批一顿，再回去写检查，在班里念一念。许老师转念一想，这样不行，就开始问他们了："你们知道鱼的特征吗？"学生在科学课上学过，这样的问题，自然难不住他们。"淡水鱼有哪些？""为什么你们能钓到鱼？""为什么这个湾里会有鱼？"这样的问题，学生自然不会。许老师继续说："你们钓鱼没有安全意识，违反了校规，可你们不懂知识更可悲！"四个熊孩子满脸通红。回去后，他们查资料、问老师，终于明白了我国有四大淡水鱼种，了解了钓鱼的技巧，更知道了怎样预防溺水……为此，学生还专门在班里举行了一场小小的汇报会，汇报了他们学习到的这些知识。

2013年9月，我校根据实际情况，确定了本学期的德育活动主题，辐射到学校德育的方方面面，即一种劳动习惯、一种劳动技能、一项动手能力、一种热爱生活的情感。通过"种—赏—收—做—品"各个阶段的劳动内容进行体验，学生懂得了劳动的艰辛，养成勤俭节约、珍惜劳动成果的优秀品质。经过一个学期的劳动习惯的培养，学生都发生了不同程度的变化，很多家长都高兴地反映孩子在家懂事了，争着抢着做家务，积极主动地和父母一起下地干活了，锄地、拔草、施肥、浇水等，这些还都做得像模像样呢。学生在学校的表现同样也发生了变化：书桌里的杂物不见了，书包里学习用具整整齐齐；教室里窗明几净，公共物品摆放井然有序。"捡起一片垃圾，收获一份快乐"已成为学生的习惯。学生不知不觉地养成了为自己负责、为他人着想、为集体争光的优秀品质。

2. 开拓劳动基地，提高学生综合素质

我们提前谋划，边活动，边设计，边生成，逐渐丰厚劳动教育内容，培养学生吃苦耐劳的精神。我们坚持循序渐进的原则，在小学六年的时间里，依据不同年级学生的年龄，组织适当的活动，让学生在小学阶段得到系统化发展。我们在一、二、三年级，安排"认识花草树木""我和植物做朋友""我学哥哥姐姐来劳动"等简单易行的活动，让学生适应劳动，关注花草树木、土壤、昆虫的情况；四年级，带领学生参加劳动，关注植物的生长变化，安排"走进植物王国""我的巧妙种植方法"等主题活动；五年级，带领学生在劳动中进行科学探究，安排"我的小实验""我的小课题""我的小论文"等主题探究活动；六年级，学生日趋成熟，情感日益丰富，开始关注家庭、社会的种植及绿化问题，我们就安排"我家与植物""社区绿化知多少""社区花木的种植调查""我为绿化家乡献力量"等活动。

在劳动实践过程中，我们引导学生向所学学科拓展，实现学科整合。例如，五年级数学课，在讲授"土地面积"一课时，教师因材施教，带领学生亲手测量校园和花坛的长、宽，从而深刻理解平方米与公顷的实际大小。再如，科学课上，在学习"种子发芽"一课时，教师引导学生通过对种子发芽的观察和体验，实现了理论与实践的相结合，使学生对知识的掌握更透彻、更牢固，学习兴趣更浓厚。一篇篇稚嫩的观察日记，一张张主题鲜明、各具特色的手抄报，一篇篇浸润着劳动感受的作文，不仅让学生了解了植物的相关知识，而且提高了他们的观察能力和写作能力。

3. 加强劳动教育，强健学生体魄

现在学生的身体素质普遍下降，提高学生的身体素质迫在眉睫。学生参加劳动实践，虽然不能代替体育锻炼，但也能起到强健筋骨、抵御疾病的作用。以前周一学校举行升旗仪式，经常会有学生突然晕倒，经过劳动锻炼，这种现象已经基本不存在，学生都能坚持出全勤，很少有人请病假。

4. 加强劳动教育，促进审美教育

美育是培养学生审美观和感受美、鉴赏美、创造美的能力的教育。著名教育家苏霍姆林斯基说过："儿童的智慧在他的手指尖上。"培养动手能力，可以充分发挥学生丰富的想象力及卓越的创造力，使学生在动手的过程中享受快乐、在动手的过程中快乐成长。

劳动创造美。师生们用双手装饰了学校，每天都接受着美的熏陶。"让每面墙会说话"是我们学校特色建设的一个理念，每个班级教室外面墙体上都绘制了不同的植物图案。教室内设有班级特色的"小小植物园"园地，学生随时都能把在劳动过程中自己观察到的作品展示出来。在劳动实践中，学生采摘各种叶子和种子，制作成种子画和叶子粘贴画，通过"采一采、做一做、说一说、写一写、评一评"的形式，达到与美育学科相整合。每一幅作品都凝聚着他们的智慧，每幅作品的完成都让他们快乐无比，都有巨大的成就感。他们把种子粘在展板上，更把美的种子种在了心里，生根发芽……

从田野走来，总有不少收获。在学校精心设计的劳动实践基地里，由学生亲手播种的各种蔬菜种子悄悄地破土而出，露出绿绿的嫩芽，也就是从那时起，这块肥沃的田园再也没有寂寞过：无数双小脚轻轻地从田垄上走过，无数双小手用力地拔掉植株旁的杂草，无数双小眼睛天天注视着小秧苗苗壮成长，无数次观察记录写下了孩子们成长的每一天……我们许家小学为更好地培养学生的创新精神和实践能力，在课程改革中，劳动教育综合实践活动应运而生。春去秋来，许家小学在构建开放型的劳动教育这一路上又迎来了新时代明媚的春天，从垄上走过，收获着成功，收获着希望。

小规模学校不等同于质量低下和落后，在乡村振兴的大背景下，将乡村小学办得"小而美"是以后乡村办学的新常态，让乡村学校师生过上一种快乐而幸福的教育生活是乡村学校办学的终极价值取向。我们要守住乡村小学服务三农、促进乡村振兴的初心，继续坚持把大自然还给学生，将以劳动教育为抓手的生活教育进行到底。

乡村振兴背景下乡村教育特色化发展的道路阐释

青岛平度市白沙河街道麻兰小学　刘建设

一、乡村教育的现状

（一）乡村教育的现状分析

乡村教育始终是国家教育领域内的一块顽疾，尤其是在经济欠发达的地区，乡村教育资源不足，加上地域条件的限制，农村地区的孩子们接受不到优质的教育，孩子们的父母着急，学校和社会也着急。如今，城镇校园建设和师资配套都有了显著的改善，但是乡村教育还存在诸多问题。比如，偏远地区受制于地域条件的限制，办学能力不高；农村地区留守儿童现象严重，家庭教育严重缺乏；农村学校大多数民办转公办的教师，年龄大，又面临退休，我校从现在到明年春天就有十多名教师相继退休，教育思想比较保守，教学观念还很落后，这些问题都不利于我国整体教育水平的提升。教育始终是国家的大事，党和国家非常重视教育事业近些年，开始向乡村教育投入资金、人力和其他方面的支持，改变了一些学生上不了学的局面。今后，有关部门还应当继续加强对乡村教育的支持力度，早日摆脱乡村教育资源不足的局面。

（二）乡村振兴对乡村教育的影响

乡村振兴政策是在党的百年华诞后提出的，是具有历史意义的重大决策。脱贫攻坚政策的有效帮扶，已经使我国摆脱了贫困国家的帽子，再通过乡村振兴基本国策的实行，一定会使一些发展缓慢的农村地区迅速赶上国家的步伐，一起迈进共同富裕的幸福生活。教育振兴是乡村振兴进程中重要的环节，一定要抓住这一次机会，把乡村地区的教育事业搞起来，在乡村振兴的带动下，国家向乡村地区投入更多的发展资源，有更优质的教育资源进入乡村地区，发展乡村教育事业。比如，在乡村振兴基本国策的影响下，乡村地区有了全新的校舍，有了更优质的教师，开始整合教育资源，重新开放了图书室、卫生室、实验室、音乐教室、实践活动室、舞蹈教室、高标准的录播教室，配备了标准化的篮球场、足球场等等，还为乡村地区投入了心理辅导老师，帮助学生树立正确的人生观、价值观。

二、乡村振兴背景下教育面临的一些问题

（一）教育观念更新与振兴速度的不吻合

由于乡村振兴政策刚被提出不久，一些学校和教师还没能适应过来，导致乡村教育观念的更新速度与乡村振兴不匹配。在平时的日常教育过程中，没有把乡村振兴下的教育政策与课堂教学有效融合起来，对教学政策的把握程度不够，没有发挥乡村振兴下教育政策的引力和带头作用。有些教师对于自己的职业评价比较敏感，一些学校把学生的分数与教师的考核相挂钩，使得许多教师对学校的政策抱有意见。学校的管理也是教育任务的重点环节，学校要从追求数量向追求质量方面转变，变复杂的管理模式为科学的考评制度，现阶段，有很多学校还没做到这一点。

（二）教学实效的调查与分析

课堂教学始终是教育的生命线，只有正确把握课堂教学，才能掌握教育的真谛。我们在对学生的学习情况进行调查时发现，很多学生喜欢和蔼可亲的老师，喜欢老师用正向的语言来激励自己，喜欢在课堂上通过小组讨论的方式来学习。但是，实际情况却不尽如人意，很少有教师能够做到这一点。很多教师都是注重教学任务和学生的考试成绩。此外，单向式的授课方式在很多学校也依然存在，老师讲什么，学生就听什么、记什么。调查者提出，总是开展这样的教学活动，小组合作探究学习和师生互动根本无法开展，教学效益也无法保障。

三、乡村教育发展道路的阐释

（一）教育理念的转变

教育工作者要坚定理想信念，深深扎根于乡村教育；教育工作者要热爱自己的事业，把教书育人当作自己终身的追求目标，在教育教学上花工夫、下

力气；此外，还要转变教育理念，学习乡村振兴下的教育思想，知道乡村教育需要的是什么，要在什么方面下力气，赶上别人的脚步，为乡村教育注入新的血液，构建智能化的教育平台。现如今，网络教育方式日益发达了，我们要积极引进网络教育资源，为学生搭建"名师课堂""网上名校""空中课堂"等渠道，助力学生提升学习成绩，及时更新教育理念。过去我们看重的是城市教育的发展，如今，我们也要把目光转向乡村地区，积极开拓城乡接合发展的新模式，在农村地区实行与城市相同的教育标准，还要搭建一些教育资源共享平台。政府和社会要多措共举，支持乡村地区教育事业的发展。

（二）乡村教育的特色化路线的探索

首先，在党委、政府的坚强领导下，教育行政部门要统一谋划集团化教学总体布局，尤其是要正确把握集团化教学的方向。在新时代，推进集团化教育沿着正确的轨道前进，始终把提升教学质量放在集团化教学的首位。其次，各地区要根据各自的特色，探索出适合自己发展的集团化模式，以自愿为主的教学模式，选择一两个龙头教学单位，然后有意愿的教学单位可以加入进来，形成一个组团式的办学点。最后，坚持以提升教学质量为目标，协同开展各种形式的教学活动，推进集团教学和科研活动的有效结合。一方面要分析学校存在的优势和短板，另一方面也要加紧研究解决方案。加强科研机构对集团化办学的引导作用，启动集团教育课程研究基地，依托名师开展研修活动，搭建信息共享平台，促进各种教育资源的有效融合，形成教育资源优势互补的模式。

（三）乡村教育特色化发展的成绩

第一，乡村教师的职业素养和专业能力得以提升，乡村教育离不开教师的支持，我们要为乡村教育输入大量的人力，为提高乡村教育效益提供保障。第二，坚持从高校招收特色教师的模式，并且选用有办学经验的教师到学校任课、带班。要用现代化的教育思想武装乡村教师的头脑，提高乡村教师的文化素养层次。第三，在偏远地区，乡村教师是乡村教育中的薄弱环节，一定要搞好乡村教育的后勤保障供给，为乡村教师拓宽发展渠道，还要提高他们的薪资待遇和职业评价。第四，教学课程多样化，知识类型丰富，涉及的知识面广，学生的年龄段分散。这就要求我们综合学科的教师要深度把握自己学科的知识特点，把书本上的知识灵活运用，在应对学生的质疑时游刃有余。一定要根据学科的特点，提高教师的专业技能。

（四）乡村教育特色化发展依然存在的问题及应对策略

第一，一些学生过度依赖于课堂教学，是一种不良现象。大家要养成自我学习习惯，既要注重文化课的学习，也要在课外学习中培养起良好的自学习惯。第二，合作学习、共同讨论也是一种较好的学习方式。现阶段，一些学生的合作学习意识不强，教学过程中注意培养学生合作学习的习惯。第三，一些教师在备课时过于主观化，不符合学生的实际学习情况。所以，教师在备课时心中要装着学生，除了常规的备课之外，还要善于用语言调动起学生的学习积极性，要充分利用好课堂四十分钟的时间，让学生有充分展示自己的机会。第四，一些教师在教学过程中忽视了学生之间的差异化现象，在课程安排上没有进行合理的区分。对于一些学习能力不足的学生，教师要适当给予偏向性的指导，关注学生成绩的同时也要关注学生的心理变化。

乡村教育事业的发展有利于提升我国整体教育水平。现阶段，乡村教育事业还面临着些许问题，完善乡村教育事业已经成了当务之急。我们应从教育理念、教育模式和教育方法入手，拓宽乡村教育事业的道路和路径，全面提升乡村教育质量。

新时代劳动教育的乡校实践

青岛胶州市马店小学　张鸿勤

党的十九大报告中提出"培养担当民族复兴大任的时代新人"的教育任务，全国教育大会上提出"构建德智体美劳全面培养的教育体系"的工作要求。2020年3月20日，中共中央、国务院印发的《关于全面加强新时代大中小学劳动教育的意见》明确指出，要"全面构建体现时代特征的劳动教育体系"，这意味着让学生接受扎实有效的劳动教育，大中小学都要建立起一套完备的劳动教育体系。

加强劳动教育不仅是落实宏观的国家政策需求，也是加强学生全面发展的现实需要。从家庭层面看，在当前急功近利的社会环境影响下，家长们更关心的是孩子的智育，只关注分数而忽视了劳动教育，导致不少孩子劳动观念淡薄、劳动技能缺乏，"四肢不勤、五谷不分"。从学校层面看，目前劳动教育还被包含在综合实践课程之中，这势必影响到劳动教育作为一门课程的独立性。从全国来看，还有相当一部分学校在劳动教育实施过程中存在着课程落实不到位、资源开发不够、评价体系有待健全等诸多突出问题而亟待解决。

新时代呼唤新的劳动教育。青岛胶州市马店小学（以下简称马店小学）立足于"全面发展"的育人总目标和"小马欢腾，奔向成功"的学校文化理念，从立德树人的视角对新时代劳动教育进行了全新的诠释和架构，逐步构建起了以"农耕"特色为主，从"课程资源、课程开发、课程实施、课程评价"四个层面融合推进的劳动教育新模式（图1），交上了一份新时代劳动教育的乡村学校实践答卷。

```
                        劳动教育新模式
        ┌───────────┬───────────┼───────────┬───────────┐
     课程资源        课程开发      课程实施        课程评价
   ┌──┬──┬──┬──┬──┐  ┌──┬──┬──┐  ┌──┬──┬──┐  ┌──┬──┬──┬──┐
   开 农 农 农 校  生 生 服  家 学 社  评 评 评 评
   心 具 耕 作 外  活 产 务  庭 校 会  价 价 价 价
   农 展 文 物 基  劳 劳 劳  基 主 支  主 指 方 结
   场 览 化 展 地  动 动 动  础 导 持  体 标 式 果
      馆 墙 示            
            长            
            廊            
```

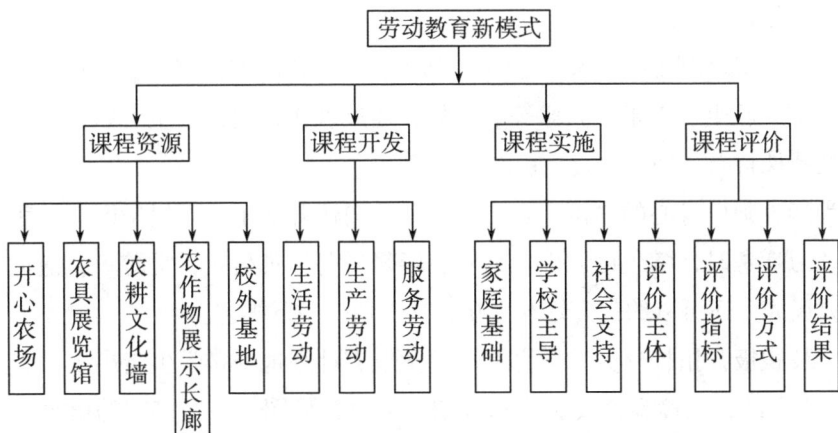

图1　劳动教育新模式

一、"农耕特色"，增添守正创新亮色

胶州北部是一片广袤平原，土质肥沃，河流众多，阡陌纵横，粮果蔬菜种植规模庞大。马店小学就坐落在这块丰沃的土地上，学校周边就是农庄和大片葱郁的庄稼。得天独厚的自然环境，让学校天然地具备传承"农耕文化"的"因子"。

劳动教育基地是学校开展劳动教育的凭借。学校在校内建设了"一场一馆、一墙一长廊"和多个劳动实践教室。

"开心农场"：学校将东北角的一块空地，开垦为"开心农场"，并分到各个班级。在这里，学生变身为"劳动小达人"，亲手种下种苗，浇水、松土、除草、捉虫、施肥……他们顾不得擦去脸上的汗珠，尽情享受着劳动带来的快乐与艰辛，切身体会"谁知盘中餐，粒粒皆辛苦"的真正含义。

"农具展览馆"：学校建设了"农具展览馆"，展览馆里陈列着收集的农具和农业生活用品。这些即将消失的农具是一个时代的缩影，留住它们就是保留了更多的历史记忆。小到镰刀、竹篮，大到石碾、地板儿车，琳琅满目，应有尽有。孩子们还精心制作了"农具知识卡"。通过这些农具，学生看到时代的进步、岁月的变迁，更加珍惜现在的美好生活。

"农耕文化墙"：学生查阅资料、整理素材、制作完成了"农耕文化墙"。"农耕文化墙"展示了我国的农耕知识和农业历史发展进程，涵盖了各个历史时期的农作物、生产方式、劳动工具、水利工程等。

"农作物展示长廊"：廊上挂满了师生合力制作的农作物展板，这些展板介绍了水稻、花生、玉米、高粱等农作物，通过农作物展板学生可以了解各种农作物的植株特点、种植方式、耕作制度等。

为涵养师生身心的愉悦，学校劳动基地内还开辟了休闲娱乐区。在耕作之余、学习疲惫时，学生可以坐在秋千上轻轻摇荡，观荷花，赏游鱼，饱览美丽的田园风光，还可以约三五好友坐在石凳上切磋一下棋艺。

学校积极开拓校外劳动教育资源。学校有计划地安排学生走出校门，走进"墨河果园"、王疃高科技农业示范园、吴家核桃园……在广阔的田野中，学习农业知识、参加农业劳动的同时，感受家乡日新月异的发展，激发热爱祖国的情感。

二、课程开发，凸显立德树人本色

在有限的时间与空间内，为使劳动承载的教育价值得以充分体现，马店小学组织骨干力量，精选劳动内容，开发了系列主题课程。学校将每个年级的劳动课程以主题的形式进行呈现，分为家务劳动（整理收纳、厨艺飘香）、校园劳动（值日课程、种植课程）、实践劳动（传承课程、制作课程）、社会劳动（体验课程、公益服务）四大门类，并在每个门类下设两个主题系列课程（图2）。

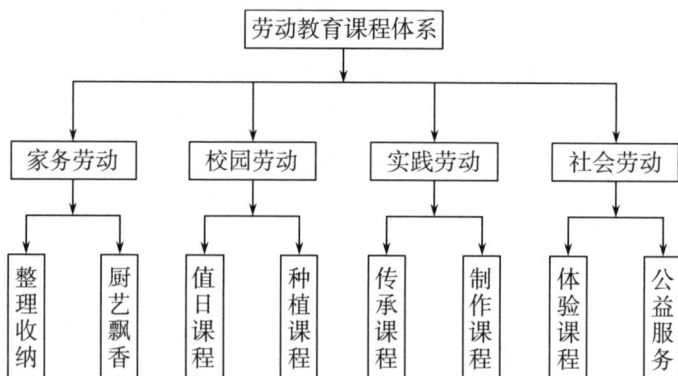

图2　劳动教育课程体系

三、路径协同，淬炼知行合一成色

学校整合家庭、学校、社会各方面力量，形成协同育人格局，实现了学校劳动教育规范化、家庭劳动教育日常化、社会劳动教育多样化。

一是学校劳动教育规范化。

学校编写了校本读本《我们爱劳动》，包括家务劳动、学农劳动、手工制作、美化环境四个单元，内容丰富，形式多样。课程设计注重围绕劳动意识的启蒙，从培养日常生活自理开始，感知劳动乐趣，知道人人都要劳动，幸福要靠劳动创造，在劳动中形成乐观的生活态度和美好的生活体验。

学校每周设置一节劳动课，每位教师结合自己的学科、专业特点，有机融入劳动教育内容，形成了"独具特色"的"学科课程+劳动"全员参与的育人格局。

根据学生的年龄特点和自身特长，学校还跨年级开设了泥老虎社团、手工DIY社团、烘焙社团、烹饪社团、无土栽培等特色社团。老师精心施教、学生乐在其中，创作了大量优秀的作品，展现了自信和多彩生活。

二是家庭劳动教育日常化。

学校抓住衣食住行等日常生活中的劳动实践机会，鼓励学生自觉参与、自己动手，随时随地、坚持不懈地进行劳动，掌握洗衣做饭等必要的家务劳动技能，每年有针对性地学会1至2项生活技能。学校通过定期召开家长会，以家庭教育讲座等形式向广大学生和家长反复宣传劳动教育对孩子全面发展及将来成才的重要意义，以提高家长的思想认识。为进一步取得家长的支持，学校还提前把一学期的劳动教育内容安排表发给家长，便于家长能更好地对孩子进行督促和指导。此外，学校还可以利用《学生家校劳动联系卡》等，经常互通教育信息，使劳动教育进一步落到实处。

三是社会劳动教育多彩化。

社区是学校学生劳动教育的练兵场。

社区劳动教育方面，除了组织劳动研学活动以外，学校还开展了很多职业体验活动。

2021年上半年，学校组织三年级学生到社区卫生院体验医护人员的工作，每名医生、护士身边都围了三四名学生。三年级一班刘梓馨表示，自己将来也要成为一名救死扶伤的白衣天使。四年级学生来到交警三中队体验交警的工作。四年级一班×××说，交警指挥交通的动作多帅啊，希望将来我也能当交警。五年级学生到地铁车辆基地体验技术工人的工作。六年级学生到高科技农业示范园体验农民的工作。一番体验下来，许多五、六年级学生认为，成为一名高级技术工人，当一名现代农民也十分光荣。

学校安排学生在星期天、节假日，去爸爸或妈妈的工作岗位，在专业人员的指导下体验一天的工作，在不同的职业岗位上，感悟劳动艰辛，感恩劳动者，并将自己的感悟记录下来。

活动开展以来，效果特别好。学生们都有着自己独特的感受：或艰辛，或自豪，或幸福……六年级一名学生在职业体验感言中写道："我的妈妈是一名工人，她在一个较远的厂子做发泡胶，收入算不上太高，一个月三四千元。

我跟妈妈来到这里。厂子很大，但只有几个房间，有宿舍、厨房、工作间和一个全是发泡胶空瓶的仓库。

我来到工作间，这里的声音震耳欲聋。房间里每个人面前都有好多个箱子，而这些人只需把箱子打开，放入发泡胶，封口，装箱就可以了。

我给妈妈打下手，先把箱子搬下来，呀！这个箱子太重了！我吃力地把箱子放好，把空瓶拿出来，放到机器的传输带上。传输带边的每个人都有分工，要看准加一些材料进去，还要控制好加入的量，之后是封口、打包。我和妈妈一会儿往这走，一会儿往这跑，喝口水的时间都没有，更别提跑老远去上厕所了……午餐很简单，时间也很短，下午很快又动工了，重复着上午的一切……晚上回到家，我感觉好累啊，但妈妈一定更累。以后我要努力学习，将来不管从事什么工作，我一定要干好，多挣钱，补贴家用。"

六年级二班潘同学的爸爸是一名大货车司机。在职业体验日中，他跟着爸爸搞运输整整一天。他在自己的感言中写道："如果我有了自己的驾驶证，我可以替下爸爸了。"

六年级四班班冯同学的爸爸是一名水果批发商，她经历了完整的水果买入卖出的过程……她在感言中更是信心满满："如果让我来做生意，我能比爸爸做得更好！"

学生家长的职业千千万万，学生从这千千万万的职业中增强了劳动技能，收获了珍贵的人生体验。

四、评价保障，擦亮以人为本底色

课程评价是劳动教育实施的重要保障。学校对劳动教育评价也进行了有益的探索。

一是评价指标多元化。课程评价既有对学生观察力、模仿、想象等智能方面的评价，又有对实际操作技能掌握的评价；既有对学生手脑协调等体能因素的评价，又有对工具放置、操作习惯等行为的评价，同时还对学生劳动精神面貌、配合协作精神的评价。

二是评价方式多元化。学校为学生建立评级手册，重视过程化评价，对优秀者发放"果实卡"，给予"劳动之星""生活小能手""创造小达人""农具百科星"等荣誉称号。

三是评价主体多元化。以"劳动清单"为载体实现民主化的多元评价。"劳动教育"评价表把学生自我评价与小组、家长、教师评价相结合。家长将孩子参加家务劳动的照片上传并形成劳动成长档案，使考评多渠道、制度化。

青岛胶州市马店小学开展劳动教育的做法，促进了学生的全面发展，提升了教师的专业水平，推动了学校的蓬勃发展。《青岛日报》《青岛晚报》《山东教育报》等媒体报道了马店小学劳动教育经验。2021年6月，马店小学应邀参加了山东省教育科学研究院在烟台举办的全省新时代劳动教育研讨会，马店小学的做法与经验在校长论坛环节进行了交流，得到了肯定与好评。

新时代是劳动者的时代、奋斗者的时代。劳动教育，是学生成长成才的必修课和基础课。我们要牢记习近平总书记关于"劳动最光荣、劳动最崇高、劳动最伟大、劳动最美丽"等一系列论述，在劳动教育领域中继续奋斗，不懈探索，用劳动教育为学生筑牢一生"耕种不辍，努力奋斗"的生命底色。

续航
均衡公平 乡村振兴

献身小学教育事业　倾情支援西部地区

青岛崂山区山东头学校　李承虎

我今年48岁，先后任教于青岛市崂山区林蔚小学（以下简称林蔚小学）、青岛市崂山区惠特小学（以下简称惠特小学）、甘肃礼县白河镇中心小学、青岛崂山区山东头学校（以下简称山东头学校）等。回顾这27年的工作经历，我感到无比欣慰。随着时代的变迁，我始终不断提升、完善自己，使自己有能力去帮助更多需要帮助的人、照亮更多的人，不忘初心，素履前行。

一、以爱为轴，做优秀教师

作为一名教师，我热爱教育工作，爱班级中的每个学生。20多年来，我坚持上好每节课。对所承担的多个学科，认真钻研教材教法、总结教学所得，千方百计让学生做课堂学习的主人。我曾先后举行崂山区数学公开课、海洋教育公开课，在贵州和甘肃两地支教期间，还举行市、县公开课、示范课、交流课四节。

我注重加强以"爱"为核心的师德修养，提出师德"七个一"，即每位教师要做到"会一手好粉笔字、读一本教育名著、唱一支红歌、帮扶一名学困生、做一件爱校好事、备好上好每一节课、批改好每一份作业"。我从自身做起，积极组织开展"清廉从教、为人师表"主题教育活动，通过校园精彩瞬间随手拍、签订师德承诺书、爱心家访等一系列活动，协助学校选出一批市级、区级教书育人楷模，提升了师德师风和学校行风水平和教师的良好形象，极大地促进学校良好形象的树立。近几年，青岛市崂山区惠特小学"大手拉小手"爱心帮扶工作一直在延续着。

作为学校分管党务的一名工作者，我充分利用业余时间，不断加强自身学习。结合学习，我组织了党课大家谈、党课微视频、党课主题沙龙、我的入党初心演讲比赛等活动，使教师的政治思想学习与党的教育方针相契合，与"立德树人"培养目标相融合。在林蔚小学和惠特小学，我与学校领导班子一起精心设计、确立了各自的党建品牌，以"党建+"和"七个一"为抓手，使党建工作与教育教学、教科研、德育、安全、后勤保障等有机契合。作为工会干部，我努力为教职工办实事、办好事、解难事，努力做全体教职工的贴心人、娘家人，组织开展最美教师评选、爱心随手拍、教职工心理辅导、团队拓展等活动，极大地丰富了校园生活，促进了职工团队建设。

二、两次支教，做优秀志愿者

2018年12月，我报名赴贵州普定县短期支教。一个月的时间里，我主讲全县公开课，举行专题讲座，进行校本课程培训，到边远山区学校送温暖，捐赠书包，与留守孩子们一同包饺子、迎新年。当热气腾腾的饺子出锅时，孩子们欢呼雀跃，有一种儿时过年的气氛。支教的音乐教师随机教孩子跳舞，操场上成了学生欢乐的海洋。支教团队的老师离去时，许多学生追着汽车跑出很远……2019年8月，我再次报名，前往甘肃省礼县，在礼县白河镇中心小学开展为期一年的教育对口帮扶，执教五年级三个班的科学课，并担任支教小组组长，组织全体支教老师开展经验交流，带领大家利用节假日走访、帮扶边远村庄的孩子们。因为当地的父母多数在外打工，许多学生是自己租住在学校附近低矮破旧的平房中。节假日在街上碰到班里的学生们，会经常邀请他们一起到附近的小吃店改善一下生活，有时是几碗油泼面，有时是几份可口的小野菜。看到他们吃得津津有味，心里增添了几许安慰。我的宿舍也是学生们经常光顾的地方，他们经常把自己家里舍不得吃的几个核桃、一捧野草莓带来与老师一同分享。每到此时，我会把亲朋好友邮寄到的青岛海鲜特产拿出来与学生们一同享用，给他们讲大海的故事。青岛、礼县虽相隔千里，但在同一片蓝天下，我真诚地希望他们早日走出大山，立志成才，报效国家。

我和其他支教老师一起，策划拍摄宣传片，让当地学生养成良好日常行为规范；为解决当地老师书写基本功不扎实的问题，我们开展专题讲座传授粉笔字书写技巧；我们自己动手制作教具、录制科学小视频来解决当地学校没有实验室的问题……2020年疫情防控形势严峻的时候，我通过远程教学，选取许多科学小实验，让学生自己动手在家中实践。支教期间，我举行了县优质课和城乡交流课，获得了甘肃省教师基本功比赛钢笔字二等奖、甘肃省中小学心理健康微课大赛三等奖、甘肃省中小学论文评比三等奖。

我还为爱心人士牵线搭桥，让当地孩子穿上崭新的羽绒服，穿上新款的旅游鞋；用上电热水壶和LED台灯；建立崂山爱心图书馆，让当地学生有了更多图书可以借阅。经过我和其他支教老师的爱心接力，1 300多名师生用上青岛捐助的爱心水杯和食品，30名品学兼优的当地贫困留守儿童有了专门的励志书桌，60多人的鼓乐队有了专业器材。支教期间，我个人出资1万多元，带动亲友捐款捐物，总价值近20万元。

支教期间，我先后获得"礼县优秀教师""崂山区脱贫攻坚工作嘉奖"等奖励，个人事迹先后在《半岛都市报》、新浪网、搜狐网等媒体报道，2021年7月被评为"崂山区优秀共产党员"。

用爱支撑一片蓝天，用心托起祖国明天的太阳

青岛市即墨区潮海中心小学　朱玉红

我是芸芸众生中一名普普通通的乡村小学女教师，从19岁踏上三尺讲台的那天起，我就坚定了自己的信念：尽我所能，在乡村教育的阵地上，散发出我的一缕光、一分热，尽我的所能去托起无数个能够照亮祖国明天的稚嫩的太阳。

一、潜心教书——我的质朴理想

一名好的教师，教学工作应该是一流的。常有人问我："小学知识挺简单的，你还用备课吗？"听到这，我总是微微一笑。我常想：学无涯、知不足。我总希望教得更好、更有效果。每个学生各不相同，应该对其因材施教。为了使课堂教学更能贴近学生，引起他们的兴趣，首先，我在备课上下了大量的功夫，针对学生实际，不失时机地不断补充新的知识。其次，上课时，我在面向全体学生、兼顾两头的基础上，坚持同步教学、异步巩固的做法。在数学教学上，我创立了自己的教学模式，即"立标—探究式—师徒结对帮扶"，通过学生的自主参与，互帮互助，让学生主动获取，把学生真正推到学习的主体地位，以练为主，加大教学练习密度，设计不同层次的巩固题，让尖子生有高度；中等生有梯度；差生得到巩固。经过这些年的实践，这些做法取得了较好的教学效果，我所教班级的数学成绩在同年级中遥遥领先。

二、精心育人——我的孜孜追求

教书重要，育人更重要。一个社会需要的是人才，而不是学才。人才不仅要有学识，还应树立正确的人生观和价值观。一个学生可以学习成绩不好，但

却不应该品质不好。为了能让我的学生成为对社会有用的人，我用我的爱心去感化每一位学生……

刚参加工作那年，我就当了班主任，接手的是一个二年级班，这个班的学生比较调皮、纪律涣散，在一年多的时间里班主任就换了四五个。当时这个班级给我的第一印象就是：教室里尘土飞扬，纸花遍地是，上课铃响后，学生依然追逐打闹不停。为了整顿这种不良的班风班纪，让学生能够拥有一个良好的学习环境与氛围，进入正常轨道，我便开始了我的"整风运动"。我和学生一起打扫卫生、摆放桌椅等等；我又在班里开展班干部竞选活动，建立了我们班的第一批班委，引导他们做好自己，做好同学们的榜样。每天我都比学生早到校晚离校，和他们一起上早自习、一起听课、一起学习。课后，我还利用休息时间为班里的学困生补习，课间我有空就和学生一起跳绳、丢沙包……渐渐地，孩子们越来越喜欢我。在我的努力下，我们班的教室渐渐明亮起来，教室里的打闹现象不知何时悄悄地不见了，取而代之的是朗朗的读书声和学生聚精会神学习的样子……

有人说：人的内心有两根琴弦，一根是魔鬼的琴弦，一根是天使的琴弦。我认为，老师的责任就是用天使般的爱来拨动学生心中那根天使的琴弦，使他们弹出和谐的音符，与周围学生一起奏出美好的乐章！

又是一个开学季。刚接班的第一天，我就发现班里有个孩子不一样：他不爱说话，课间也不喜欢和同学一起玩，而是一个人坐在教室里，或者是单独地在校园的一角玩。渐渐地，我还发现他上来一阵子脾气还挺大的，容易冲动，有时会无缘无故地对同学大打出手，有时还会把桌椅掀翻……我曾在心里将他比作一颗"定时炸弹"，我的心时刻都在为他悬着。

面对这张天真、稚嫩的小脸蛋，我陷入了思考：仅仅是因为他不爱学习吗？我真的不知道他在想什么？怎么办？如果一个医生不知道病人得了什么病，又如何能治好病呢？于是我决定接近他，了解他。通过家访，我了解到，在他五岁的时候，父母就离婚了，他一直跟着妈妈生活。父母离婚的事在他的心里留下了阴影，从那时起他就变得不大说话，也不愿与人交谈，甚至跟妈妈也说不上几句话。他的情绪也变得极其不稳定。虽然他的妈妈很爱他，但也没能改变他的现状。了解了这些情况后，为了能够帮助他，我便开始经常找他聊天，试着与他沟通。

刚开始的时候，他并不觉得我是出自好意，常常在我找他谈心的时候，要么一句话不说，要么听两句干脆就转身走了。但我知道，想要帮助他回归正常的生活，必需要深入他的心灵，融入他的世界，去发现他的长处，利用他的优点去为他创造表现的机会，以此来让他获取信心；同时要为他创造一个有爱心的集体氛围，让他感受到集体的温暖。因此，我更加耐心地与他交往。在同学面前，我经常制造一些机会，来表扬他的优点。比如，在课外活动课或者主题班会上，我会让他给同学们讲讲《三国演义》中的故事。因为他的记忆力好，在背小课文的时候，我会鼓励他和同学比一比谁背得又好又快，为此同学也经常把掌声送给他，那时他总会甜甜地笑。他的劳动能力比其他孩子好一些，我就把他排成值日生组长。刚开始的时候他不仅值日组长的职责做不好，就连自己也不好好值日。每到他值日这天，我就陪着他一起劳动，还经常抓住他的一点小小的进步，毫不吝啬地表扬他，渐渐地，他开始值日了，并且多多少少也能指导一下那些不会扫地的小朋友。其他同学在我的引导下，对他很谦让，也都愿意去靠近他，帮助他，和他一起玩……同时，我还请他妈妈多带他去一些公共场合，参加一些公众活动，多锻炼他，也要让孩子经常与其父亲接触。功夫不负有心人，在我的努力下，他渐渐地爱说话了，课下也能与一部分同学一起玩耍，上课时很少扰闹课堂了，很少打架了，虽然偶尔还会使性子，发脾气，但我的话，他能听了，甚至有时我的一个眼神也能制止他的行为。

孩子总会有各种各样的情况，为了让每一个孩子都能健康成长、快乐学习，我一直在不断努力。

三、不断成长——为我的教育之路添砖加瓦

一枝独秀不是春，万紫千红春满园。20多年来，我从校级骨干教师到县区级骨干教师再到现在的市级骨干教师，在不断的学习中成就自己的教学梦。山东省特级教师工作坊群组成员、青岛市骨干教师研修班成员、青岛市教学能手、即墨区教学能手；省级优课、青岛市"一师一优课"一等奖、即墨区优质课一等奖；多篇论文发表……取得这些成绩的同时，我的教学能力

和育人水平也在不断提升。在当前均衡城乡教学资源的大环境下，我用自己的行动，诠释这份乡村教师应尽的责任，为乡村学生的成长献出自己的一分力量。

扎根乡村献青春　辛勤耕耘终不悔

青岛平度市南村镇亭兰中学　刘治海

我是一名普通的乡村语文老师，1990年大学毕业就被分配到亭兰中学任教至今。

亭兰，地处平度的最南边，是著名的南大洼，以农耕为主，商业落后，交通不发达。每年，许多新分配来的教师嫌弃这儿的落后与凋敝，干个一年半载就转走了，或者去了县城，或者去了临近的南村镇中心中学。我不嫌弃，因为这是我的故乡，是我的生养之地。儿还有嫌母丑的吗，我要留在这儿，报答父老乡亲的养育之恩，用自己的学识教育好乡亲的后代。可能的话，他们也可以回来报效自己的故乡，建设好我们的家园。这是我刚踏入这片土地时的铮铮誓言。我是这么想的，也是这么做的。我刚上任就被学校安排了初一两个班的语文课，担任一个班的班主任。刚踏上讲台，我面临许多问题无从下手，但我没有慌乱，就向一些老教师，特别是向老班主任请教，虚心好学，潜心研究语文教学，研究学生的管理。不到一个月，我的工作就步入了正轨，而且我带领的班级，各项工作都走在同级部甚至全校的前列。

20世纪90年代初，亭兰经济还很落后。这儿地也多，老百姓家里缺少劳动力，因而对于孩子们上学的事就不是很重视，有的干脆不让孩子上学了，回家种地或者打零工挣钱。当时在我们这里，控制学生流失是个老难题。班主任的家访很重要，也很辛苦。他们要利用上完课的间隙，甚至周末抑或是假日，骑自行车，走乡串户。那时电话还没普及，许多家庭没有电话，不能提前联系。有时我去了吃闭门羹，就打听家长在哪儿劳动，然后深入田间地头，与家长讲清楚上学的重要性。1992年的春天，离学校有20多里地的李戈村，有一名女学生辍学了。我去了两次，第一次是下午授完三节课去的，她家的门上着锁，邻居说走亲戚去了，没办法，我只好打道回府；第二次去，一开始家长不开门、不接见，后来开门了，但把家中辍学的孩子给藏起来了，以此来逃避老师的规劝。我与家长拉起了家常，谈到了学习的重要性，谈到了孩子的成长需要学校这样的场所，孩子也需要跟同龄人一起长大等等。我动之以情，晓之以理。最终，我的一番诚心感动了家长，也说服了家长。孩子顺利返校，最终完成了学业，考上了高中，上了大学。在我的教学生涯里，这样的家访不计其数。有人问，你不辛苦吗？我说，这是当老师的本分啊，老师不就是教书育人吗，不让一个孩子掉队，这是国家的号召，也是义务教育法的规定，更是当老师的良知啊。

在农村教学，会遇到许多经济条件不好的学生因为费用问题而选择辍学。记得我工作后的第五年，曾经教过一个学生。该生父母年老体衰，由于经济原因，多次要辍学回家务农，我也就多次去该生家里走访。看到破败的房舍，迫切求学的学生，我决定资助他渡过难关，不让他的学业终止。我每年给他垫付一部分学杂费、书本费，期间还不间断地给该生送去衣服及日用品。课余时间，甚至礼拜天，与学生谈心交流，给学生送去温暖，送去成长的动力。有一次去该生家里家访，正遇该生家里打麦粒缺人手，我二话没说就参与了进去，一干就是一个多小时，最后走下打麦场时与其他的人一样，看不清对方的模样，弄得全身都是粉尘污垢。此事一时在社会上被传为佳话。如此的陪伴一做就是三年，最终这个学生顺利地上了高中。

1998年，我担任初二·一班的班主任。有一个女生，是个孤儿，寄养在叔叔家。由于从小缺少关爱，缺少教养，该生问题多多，经常无故旷课与一些辍学的男生厮混。我担心这个未成年的孩子误入歧途，每天都格外留意该生的动态，特别是请假期间，更是多次跑到学生家里探究实情，看她是否真的生病或者有事请假。有一次我到学生家里，家长说没有请假啊，上学去了啊。我就到处去找这个女生，跑了好几个村子，最后在黄丘村的一个早已辍学的学生家里找到了她。一开始进不去门，我便强行闯了进去。我将她带回了学校，与她谈心交流，给她打饭，给她关爱，教她自重自爱。又是两年的陪伴，直到该生顺利毕业。毕业后的很多年，我一直与该生保持书信联系，直到她成人成材。

作为一名老师，我始终觉得，关心学生是老师的本分，上好每一节课是老师的职责。我担心的是因学术不专、教功不精而误人子弟。记得刚工作没几年，我们学校让我任教初三两个班的语文。这对于我来说，是第一次教毕业班，当时我很犹豫，最后还是接下了这个重任。每天老师们都离校了，我还在钻研教材，编写试题。当时用是用钢板刻字，很费力。我的辛勤付出换来了累累硕果，那一年初三学生的语文成绩还不错，中考成绩位列平度市第二名。这给了我自信。就这样，我连续执教初三两个班的语文10多年。不过这10多年的初三教学，也让我患上了严重的腰痛病，由开始的腰肌劳损，最后发展到腰椎间盘突出，脊柱严重弯曲，经常累得直不起腰来。2013年3月，我终于病倒了，住院2个多月。可是身体略有好转时，我就不顾家人的反对，不顾医生的嘱托，回到学校给学生上课。我放不下这些学生，因为他们很快就要中考了，给他们落下功课，我于心不忍。当时初三的语文老师缺人手，自己不应该给学校添麻烦，就这样我不顾身体的疼痛，仍然坚持留在初三两个班语文教学的岗位上。

后来，我身体一直欠佳，但我没有因此退却。相反，我还多次给其他生病住院的老师代课。2017年4月，来我校支教初三语文的平度市杭州路中学刘老师患病住了一个多月的院，没人代课，领导犯难，我主动提出代上一个班的语文课。当时初三临近毕业，三个班的课业很重，要做大量试题。我不但要备课，还要到三个班分别授课，其劳累程度可想而知。还有2017年的10月份，我校的初三语文老师万老师请病假近一个月，我又一次担起了代课的重担。这样的事例还有很多。我就是这样一个人，从不考虑个人的得失，在我内心的天平上，总是偏向于学校、学生、他人。每次治疗腰痛疾病，我都是安排在暑假或者寒假里。我当教师的第一天，就立誓做一名对得起父老乡亲的教师，做一名有良心的教师，做一名合格的教师。我的任劳任怨和精心细耕获得了学校的表扬，赢得了老师的好评，也感动了很多的学生。

许多毕业的学生来找我玩时，大都说过类似的话：老师，你当年青春潇洒，而今苍老了好多呀。

我总是乐呵呵地告诉他们：衣带渐宽终不悔，为伊消得人憔悴。我是一个幸福感满满的老师啊。

满屋的欢声笑语，其乐融融，我觉得我一点儿都没老，我真的感到无比幸福与满足，此时此刻，每时每刻。

　　时光荏苒，转眼我已步入不惑之年，但我没有脱离教学第一线，依然耕耘在我的三尺讲坛之上，忙得不亦乐乎。这些年我积极参加青岛市一师一优课，出示县级公开课，三次参加平度市骨干教师及班主任培训，接受新的教学理念，积极给自己充电，为的是不掉队。我们学校实施课堂合作教学模式，实行小组积分制，周结，月结，学期末结算。为了调动学生的学习积极性，我自己掏腰包，买小奖品。月末对学生进行小奖励，学期末进行大奖励。小小的礼品，调动起了学生的学习积极性。他们上课积极发言，作业努力完成。我尊重孩子的需求，引导他们积极学习，快乐度过每一节语文课。因而，我深受他们的喜爱与尊崇。这些孩子，就是这么有趣，就是这么令人喜欢。

　　我扎根偏远乡村学校，默默无闻，少说多做，在平凡的岗位上做着平凡的事情。我是一个普通的劳动者，但我在践行一个使命：做一个合格的老师，为国家培养出更多的人才。

　　有人问我：你的青春献给了亭兰这这片沃土，不后悔吗？

　　我总是笑着说：不后悔，一点也不后悔，每时每刻我都幸福满满。

初心写就乡村杏坛探索路

——我的乡村教育故事

青岛莱西市院上镇中心中学　昌中南

"孩子在家上网课注意力分散，一会儿动这，一会儿动那，该怎么办？""疫情防控期间，孩子在家上网课，有些地方我看不惯，说他几句，他嫌烦，和我吵架，该如何解决？""现在到处都在防控疫情，检测、撒药，时常有确诊病例和核酸检测显阳者，总感觉病毒到处都是，紧张、惧怕，该如何好？"2022年3月7日莱西市疫情暴发，学生居家线上上课，我时常接到学生家长及学生问这问那，我都尽心尽力，认真、细心一一解答。最终，咨询在家长及学生的连声"谢谢老师"中结束。对于这多声"谢谢老师"我非常高兴，高兴的是：知识的价值，自身的存在，年纪大，还能为社会做些事。多年教育路上的不懈探索改变了我、发展了我，我衷心感谢这永无止境的探索。临近退休的我，2021年成为青岛市家庭教育志愿服务团队成员，2021年成为山东省百名离退休干部党组织书记宣讲团成员，2020年成为莱西市婚姻家庭辅导团队成员，2022年成为莱西市疫情心理疏导团队成员，2013年被镇教委公布为镇中心中学督学员。回想我走过的路，探索就好像是"鲇鱼效应"中的"鲇鱼"，而我就像那条"沙丁鱼"。

一、做好学的"沙丁鱼"

我于1984年走上三尺讲台，任乡村一初中语文教师。不久，我就发现班内有一学生，个子不高，衣着破旧，整日不言不语，学习成绩较差。我怀着"初生牛犊不怕虎"和"干一番事业"的热情，决心转化他。于是，我通过多种途径了解他的情况，得知他的家庭不幸。我很同情他的处境，便试图主动接近、关心、帮助他，进而转化他。但是，这些不仅没收到积极的效果，而且使他对我增加了戒心，甚至是反感。那时，我真怀疑自己的能力，也领会到教学的不易了。

一个天气非常炎热的下午，我刚讲完第一节课。忽然，发现那名学生正站在教室外炽热的太阳底下，一丝不动，蓬乱的头发下冒出的汗水沿着脸颊往下流……我又气，又恨，又心痛……二话没说，让他进了教室在自己的座位上坐下。

课外活动时，我找来了理发工具，用我在中学读书时参加"理发小组"学到的手艺，为他认认真真地理了发。虽然技艺不高，但那一丝不苟的认真劲，终于使整日不言不语的他说出了"谢谢老师"四个字，那木偶似的脸上流下了眼泪……慢慢地，他开始变了，变成一名守纪律、勤学习、乐助人的好学生。《青岛教育》及多家报刊对这事进行了报道。

对此，我陷入了深深的沉思：没有不能转化的差生，只是还没找到合适的方法。正如阿基米德所说：给我一个支点，我将撬动整个地球。

深思熟虑后，我确定了"如何做教师"新的目标——向教育科研进军，迈开教育探索的步伐。

为潜下心来学习如何做教育科研、如何探索，我给自己定了两条硬杠杠：一是每天保证有不少于一小时的业余时间读书学习，提高自身素质，夯实探索能力；二是每日两问（一问为什么选择当教师，二问怎样当好教师），激励自己始终保持探索的旺盛热情和斗志。

书越读越觉得自己的渺小和不足，渐渐地我离不开读书了，每天上班前、下班后和星期天、节假日的绝大多时间里都在读书。有时为减少干扰，常常关掉手机，泡上一杯茶，坐在书桌前，静静地读，和高尚的人谈话，洗涤和升华心灵，沉浸在书中的悲欢喜乐中，悠闲自得。我也获得了大学专科、本科、教育硕士研究生和国家二级心理咨询师证书等。

回顾走过的教育探索路，收获最大的是确定教育科研这一探索目标，迈开教育探索的步伐，体会最深的是读书实惠、管用，养成读书和探索这两大嗜好。

二、做探索的"沙丁鱼"

通过学习,我提高了对教育科研的认识,进一步明确了教育科研的意义、作用、方法和步骤,积极开展教育科研,探索新形势下教育教学新方式和方法。

我坚持"问题就是课题,反思就是研究,发展就是成果"的原则,在教学实践中发现问题,形成解决问题的思路,建立课题,进行研究。

针对作文教学中存在的学生不会写、没什么写和不愿写三个问题,1997年我参加了省教科所王如才老师主持的《循序自主作文教学研究》,取得了丰硕的成果。一是2006年,在由省中小学作文教学研究专业委员会、省循环自主作文教学研究课题在淄博市周村区组织召开的"山东省中小学作文教学现场研讨会"上,我将我的"循序自主作文教学研究"课题成果做了经验交流。2012年在中语会召开的语文教学研讨会上,我出示了"循序自主作文教学研究"课题成果。2014年在省教科所组织的"尝试教育"研讨会上说课比赛中,我将"循序自主作文教学研究"课题成果运用到"尝试教育"中的说课获特等奖。二是很大程度上解决了学生作文不会写、没什么写和不愿写三个问题,作文教学成果显著,有许多学生在市以上单位组织的作文竞赛中获奖。2006年,我指导一学生参加青岛市教育局组织的"天泰杯"寒假征文获一等奖。在颁奖大会上我发表了获奖感言。2014年,我指导一名学生参加青岛市中小学生征文比赛,获得中学组一等奖第一名,得到青岛著名一作家的点评和高度评价,签名赠书,并获得了价值1980元的北京六日夏令营活动。我指导多名学生在市以上报刊上发表作文,其中2013年学生李可欣的作文发表在《当代小学生》上。三是探索的"兴趣作文教学法"被评为莱西市十佳教学法,在全市交流推广。有多篇作文教学论文在省级以上教育期刊上发表,其中,《三环作文教学法》发表在《中小学教育》、《模仿在作文教学中的尝试》发表在《中学作文教学研究》、《中小学作文要在三环节上着力》发表在《素质教育》上。我也走进浙江师范大学进行作文教学交流。同时,我还作为课题组骨干成员参加了省市及国家级教育科研课题研究。

由于我教育科研成果突出,被任命负责学校乃至全镇的教育科研和教学工作。

教育科研让我深深体会到：教育科研是教师成长的生命线，我越做越爱做。做教育科研是我每一天必做的功课，也是我一天中最快乐的时刻。无论做什么，在哪个岗位，都按"问题就是课题，反思就是研究，发展就是成果"的理念，认认真真观察、仔仔细细反思、勤勤恳恳研究，用写教育随笔、教学反思、教学体会修身养性，颐养天年。我也被评为莱西市教育科研先进个人、青岛市教育科研先进个人和全国教育科研先进个人等。

三、做创新的"沙丁鱼"

我在教育科研中，以教育科学理论为武器，以教育领域中发生的现象和问题为对象，以反思的方式探索教育规律，进行探索，做好工作。

2005年，学校开展"孝心"教育活动。母亲节那天，我给全班学生布置了一道特殊的作业：为母亲洗一次脚。

母亲节过后——周一班会，我满怀信心走进了教室，准备分享那胜利的喜悦，可结果与希望反差很大，不尽如人意。一是有的学生说："我给母亲洗脚，母亲很高兴，并说谢谢我，还说我长大了，同时给我讲小时候她给我洗脚的故事。"二是有的学生说："我要给母亲洗脚，母亲不让，并说：'看把你闲的，没事，学习去。'"三是有的学生说："我给母亲洗脚，母亲没有表情，说：'你愿意洗就洗吧。'"四是有的学生说："我要给母亲洗脚，母亲说：'我现在还未老，自己能洗，等我不能洗的时候你再给我洗，眼下，你当务之急就是好好念书，只要念好书比做什么都强，不要考虑其他的。'"

对此，我认真梳理、总结、思索着母亲节为母亲洗脚这一事件，进行了深深的反思。

事隔一个月，6月份又迎来了父亲节。父亲节那天，我又给学生布置了洗脚这一特殊作业。不过，这次在父亲节前，我认真做好了三件事：一是召开了以给父母洗脚为主题的班会，通过引导、讨论、探讨、交流，使学生明白了给父母洗脚这份特殊作业，主要是为了让自己在完成作业的过程中，体会亲情的温馨，感受关怀的价值，懂得孝敬的真意。二是召开了以抓住契机，向孩子进行感恩教育、孝心教育为主题的学生家长会，通过讲座、交流、印发明白纸等形式，使学生家长认识到教育孩子要从小抓起，从细节做起，从小养成好的习惯、形成好的品质，为成功的人生奠基的道理，让学生家长真正明白开展为父母洗脚这一活动的主要目的，是让孩子懂得体谅、懂得回报、懂得做人。三是要求学生认真体会为父亲洗脚这一过程的每一细节，认真体验这份亲情，并以此为主题，写一篇感恩父母的作文。

父亲节过后，我又对这次洗脚作业进行了认真的检查，结果这次和上次大不一样。

《反思，教育科研这一"快餐"，推进了教育教学的开展》，这一成果发表在《中国德育》上。由此，我也走进了莱芜、走进了鲁东大学、走进了齐鲁师范学院，交流如何做老师、做班主任。

多年来，我在教育科研中学到了知识、得到了启迪、取得了点滴成绩。2002年9月，在山东省教育厅基教处等单位组织的心理健康教育研讨会上，我介绍了取得的心理健康教育科研成果。我也被评为莱西市师德标兵、青岛市关心下一代先进个人、山东省学生艺术博览会先进个人、全国中小学生学生辅导之星等。

"同志们，在院上镇驻地西4华里，有一个叫花园头的村。村如其名一样漂亮。草木葱茏，景色秀丽。漫野四溢的秋香，匍匐着，氤氲着，张扬着，透露出饱满、充实、丰收，让人沉醉其中。就在这如诗如画般的村中，73年前发生了一个让人终生难忘、神话般的花园头抗日阻击战故事，并传承一代又一代，激励人们勤奋工作，努力向上，发出'请党放心，强国有我'的铮铮誓言……"去年，我为莱西市税务局党员干部在花园头抗战教育基地现场宣讲花园头抗日故事如是说。

这几年，随着我的年龄增大和学校新教师的增加，学校安排我上地校课。我就结合所任教的传统文化这一学科特点，挖掘当地的抗日故事、英雄事迹和名胜文化遗产等，探索"赓续红色血脉，传承红色基因"的方式方法，单2021年多途径宣讲花园头抗日故事就达22场次。

一次选择便是一生，从满头青丝到鬓发霜染。行走在乡村杏坛探索路上，我未言过悔，没抱怨过，用生命的激情和邋逝的青春岁月，深耕守望夯实提升，初心写就乡村杏坛探索路。

板块二

播撒爱心，守望童心

　　有这样一群人，他们守初心，铸师魂，春风化雨育桃李，润物无声写春秋。燃烧着自己，去点燃学生心中理想之火。哪怕孩子不是一棵树，也要让他去做一棵小草，让他同样能够装点大地，给大自然带来一丝生机。

让每一个学生都能感到幸福

青岛市崂山区实验初级中学　兰娇娜

　　幸福指数是当前人们议论的热门话题，越来越多的人认识到幸福指数、收入及生活水平并非成绝对正比。教师作为一个相对压力较大的职业，很容易产生职业倦怠感。因此，教师要关注自己的幸福指数，学会自我调节，提高自己的生活质量，在提高自己幸福感的同时，也应该反思，面对当前快节奏的生活，作为成年人我们尚且不堪重负，我们的孩子他们幸福吗？是不是真如许多家长所说，现在的孩子吃不愁，穿不愁，他们就理应感到幸福？这使我不禁想起了任教初三时的一次经历。

　　那一年我担任初三毕业班的班主任，我班有一名同学请了一周的病假，一周后该生却仍然不愿意来上学。我多次打电话和家长沟通，询问该生不来上学的原因，家长却说不出个所以然来。我嘱咐家长好好做该生的思想工作，千万别让他辍学。但是很长时间过去了，该生还是没有来。于是我找了个时间，和学校领导一起到该生家里家访。我们费尽口舌劝他回来上学，可是该生拒绝上学，态度非常坚决。我们询问他不愿上学的原因，该生低头不语。不管我们如何苦口婆心，但是从他的表情中我看不到他对学校生活有一丝留恋！最后，在初三的最后一学期，该生都没有来上学。从该生家出来后，我郁闷了很长时间。在我不长的教育生涯中，这样不喜欢上学甚至长时间不到校的孩子我遇到不止一个。作为一名班主任，不能让班里的孩子快乐地学习、快乐地生长，这不能不说是一个失败。

　　在班级生活中，究竟是哪些因素羁绊着学生们去体验快乐？到底哪些问题是真正的症结所在？班主任应该做好哪些工作，能够提升学生在校生活的幸福指数呢？为此，我专门设计一节主题班会，让学生们选择、描述心中的幸福班级。通过这节课，我发现学生对于班级硬件环境的要求并不是特别高，他们更关注的是教师对自己的态度，以及与同学相处是否和谐。其中，让"班级生活丰富多彩"的呼声最高，而"教师生气、发脾气"却成为学生们感到最痛苦的事。这促使我对自己的班主任工作进行了深刻的反思，并形成了现在的治班理念：让每一个学生都能在班级生活中感到幸福。我主要从以下几方面进行了尝试。

一、每天都给学生微笑

每一次走进班级，我都对学生保持微笑，让他们感受到真诚、乐观和积极向上的正能量。我努力让自己的每一次微笑都带给学生们热情的鼓励。我也要求班里的学生保持乐观，用自己的快乐去感染周围的同学。我甚至告诉学生"保持快乐是一种能力，一种特别有魅力的能力"。我发现，老师快乐了，上课就会充满激情；学生快乐了，对学习也会充满热情。同时，我有意识地通过各种方式，拉近师生间的距离。距离拉近了，教育效果往往事半功倍，慢慢地，轻松愉悦的班级氛围就形成了。

二、走进学生的心灵世界，让学生感受到学习的快乐

如果教师能够走进学生的世界，能够让学生体会到学习的乐趣，那么学生会很开心的，他们内心会有一种对老师的敬佩和爱戴之情。我爱上了和学生在一起。下课时，只要我有时间，我就会到教室和学生一起闲聊；体育课上，我和他们一起游戏。我自然而然把自己融入他们的团体之中，做他们的知心朋友。和他们一起时我深深地感受到：他们那一张张笑脸，正在诠释着学生学习时代的快乐；那此起彼伏的笑声，也缩短了师生之间的距离。这样学生不但没有不尊重我，而且更加信任我，在我耳边能经常听到他们的悄悄话；在我的办公桌抽屉里能经常看到他们给我的留言条。我好幸福，好快乐，因为我有那么多可爱、纯真的朋友。

三、学会欣赏学生，让学生体验成功

在教学中我发现，其实不管什么样的学生都渴望得到别人的欣赏，更希望

得到老师的肯定。每一个学生身上都有优点，很多时候是教师缺少发现学生优点的眼睛。我努力做学生的"伯乐"，努力从学生身上寻找可贵的闪光点。正如清代教育家颜昊说的"数子十过，不如奖子一长"。

我记得班里曾有一个比较特别的男孩儿：破坏纪律、打架、顶撞老师，给人以非常顽劣的印象。我多次批评却收效甚微。我意识到要让他体会到成就感，激发他的自尊心。我偶然得知他非常有朗诵天赋，于是在一节课上，我安排他进行朗诵。他非常争气，朗诵得非常精彩，在学生的掌声中，我看到在他的眼睛中有一些东西在闪光。后来，在学校的生存技能运动会上，该生给班级做了不少贡献，我又好好表扬了他一番。后来一段时间，我总是找他的优点表扬他。慢慢地，该生就像变了一个人。他主动帮同学打扫卫生，主动捡垃圾，上课听讲认真多了，作业也有所好转。我看到他每天都是高高兴兴的。

四、给学生制造"小惊喜"

在平淡的生活中我们成年人往往会为一些小惊喜而欢呼，按时给学生一点小惊喜肯定会让他们整天都心情愉快。于是，我经常会给班里的同学制造一些小惊喜。比如，我暗中记下了每一个学生的生日，在学生生日那天，我会代表全班学生给他准备一份小礼物，让全班学生给他唱生日歌。事实证明，很多学生都会被这样的小惊喜感动得热泪盈眶，对我这个班主任也就亲近有加。

五、加强师生之间的情感交流，建立师生的交流通道

师生之间的快乐与痛苦如果被记录下来，那么将是一种很宝贵的财富。书信、小纸条以及微信等等，这些都是我和学生进行沟通的有效方式。学生写给我的小纸条、书信我都保存了下来，它们记下了许多快乐与伤感的往事：因为体育老师有事，我挪用了一节体育课用来上我的课，学生埋怨我不按课表上课；一日常规评比班里扣了分，我不问青红皂白把全班同学训斥了一顿，学生向我喊冤；我表扬了某一个学生，在她写给我的小纸条上能看到她很开心的样子；在学校组织的歌咏比赛中，我班没得到第一，从学生写给我的微信中能看到他们的懊悔、沮丧。总之，从和学生的交流中，我看到了一个非常上进的集体、一个富有凝聚力的团队。我为这些可爱的学生感到骄傲和自豪。

六、美化班级环境

养花、贴墙画、亲手制作装饰品、捐献课外书……我调动班级的每一个学生动手美化我们的教室。生活在自己创造的美好的环境中，学生和老师们当然会感到幸福。

希望有一天，我的学生们都能快乐地唱着《读书郎》来上学——"小嘛小儿郎，背着那书包上学堂，不怕太阳晒，也不怕那风雨狂，只怕先生骂我懒哪，没有学问无颜见爹娘。小嘛小儿郎，背着那书包上学堂，不是为做官，也不是为面子光，只为做人要争气呀……"

而我，一名普通班主任，也将继续尽我所能为每一个学生能过上一种幸福而完整的教育生活而努力，让学生都能因我的存在而感到幸福。

为梦飞翔

青岛崂山区汉河小学　褚存红

　　每一个人都有属于自己的梦想，从小到大当别人问我"你的梦想是什么？"的时候，我就会说："我渴望当一名教师，有朝一日自己能手执教鞭，站在三尺讲台，帮助众多的孩子去实现他们的梦想。"

　　1980年高考落榜的我参加了即墨县鳌山卫镇教委组织的民办教师招考，顺利通过考试，成为一名民办教师。记得在去学校报到的前一天，我的父母对我说："女儿啊，你心里要有数：民办教师没有受过科班师范学校训练，离社会、家长和学生对教师提出的要求还远啊；你今后在工作岗位上还要继续学习，加油。"带着父母的嘱托，从走进校园的第一天起，我就为自己定下一个目标：那就是要做一名让社会、家长、学生满意的合格教师。为此，我一直在坚持不懈地学习、进修着。记得那时，家离学校很远，只能在学校住宿。偏僻农村夏夜里虫子特别多，关了窗学习，常常是大汗淋漓。我一边复习高中知识，一边坚持博览群书，知识的储备对我的成长发展带来了长久的效益。1990年6月，工作了8年之后的我参加了山东省教育厅组织的从中学民办教师中招收脱产教师到高校进修的考试，被青岛师专中文系录取。在青岛师专，经过两年系统的学习，进一步夯实了我作为一名合格教师的功底。1992年7月，从青岛师专毕业后，我主动要求教育局分配我到农村中学任教，工作之余养成学习、读书的习惯一直没有改变。同年8月，我参加了山东省中学教师助学自考，两年之后取得了曲阜师范大学中文系本科文凭。在平日的教学中，我将教学理论、博览群书获得的知识应用在课堂上，课堂采用情境等方式并融入了中西文化交汇合一，受到学生们的喜爱，由此带来了教学成绩质的飞跃。1993年到2002年，我教的初中毕业班，中考英语成绩连续多年名列全区前茅。2002年10月我被调到小学工作，担任英语教研组长，工作之中积极与同事们一起开展各种教研活动。2003年9月至2011年12月，我先后参与并带领全组完成了青岛市级小学英语教研课题《课堂观察促教师课堂话语的实践和研究》《小学生英语家庭作业设计》，分别获得市级课题二等奖。在教学之余，我还将教学实践与理论相联系，撰写教育教学随笔、论文，先后在国家级、省级各类报纸杂志上发表了《浅议素质教育在中学英语课堂中的实践》《改变课堂，还学以生》等6篇论文，得到了领导、同事的交口称赞。我利用课余时间辅导学生参加全国小学生英语竞赛。2003—2007年经我辅导的张逸凡、刘婷等56名学生分别获全国小学生英语竞赛一、二、三等奖，本人也连续四年获得"全国小学生优秀辅导教师一等奖"。为了适应新课改对新时期教师提出的要求，自己在50多岁时依然参加了山东省教育厅于2013年至2019年组织的全省中小学教师远程研修，连续多年荣获山东省中小学教师远程研修优秀学员。在教学实践中做到活学活用，使用微课进行英语教学，进一步丰富并激活了课堂教学的活力，带来了教学成绩的进一步提高。在区教体局组织的多次统一抽考中，我教的班级成绩在全区遥遥领先。我从教39年，担任班主任长达32年。我前几年经常听一些同事说："像褚老师这个年龄，全崂山区担任班主任工作的人几乎没有了，你完全可以跟领导去说，辞掉班主任这一累差"。可是我说："我愿意干班主任，愿意和孩子们在一起，班主任工作带给我的是充实、阳光和快乐。"是啊，反思、总结32年的班主任工作，我把学生当成朋友，从学生那里获得了快乐。在我的班上、课上，我经常使用民主的方法管理班级，即使是有的孩子出了错、违反了纪律，我从不简单批评，而是动之以情、晓之以理，一点一点教会他们做人做事。有的学生生病住院或家庭有困难，我总是见难相助，施以救济。从教至今，无数次的家访已记不清楚。记得1987年暑假刚开学的第三个星期一，刚接了初二3班班主任，早上我骑着自行车在7：00之前就到达了学校，习惯性地来到班级检查学生们的早读情况。当我走到一名学生的座位时，发现她没有到校，接着我问其他同学是否有人知道她没有到校的原因，学生们都说不知道情况。到了中午，我就骑着自行车来到离学校3公里的该生家——黄泥崖村。我一走进她家，心里感到莫名的揪心。她家住在低矮的三间草屋里，由于父亲生病，家里唯一的劳动力没有了，加上父亲生病欠下的近三万元治疗费的债务，家里已经债台高筑。她的母亲身体不太好，只能给人打零工，每月挣个零花钱维持生活。她母亲说："老师，我打算让高李杰早点退学回家挣钱养家。"听完了她母亲的一番话，我对她说："孩子的学习成绩很好，将来肯定能考上她理想的大学，无论如何都不能让孩子辍学，从今以后她的学习用品费用全由我来负担。"我回学校向领导们反映了学生家的情况，学校为她减免了所有的学杂费，学校领导还出面与村委领导一起想办法通过学校教师、学生、村民集资三万多元帮她家还清了所有欠款，并为她家办理了低保证，解除了她一家的后顾之忧。经过努力，她两年后顺利考上高中，高中毕业后她以优异的成绩考上了山东师范大学。如今她已经成了一名教师。每年大年初一当她和同学们一起来到我家拜年时，都会重复说一句话："谢谢你，褚老师，是你帮我种下美梦，最终使我梦想成真。"在我的30多年教学生涯中，不同情况的学生辍学事情还发生过4次，都是我通过家访，及时与家长沟通，使4名学生重新返回学校。我的付出也得到了上级领导的肯定：1988年我获得"崂山区优秀教师"；2009年5月被青岛市妇联授予"青岛市十佳春蕾园丁"；2021年获得崂山区首届"功勋班主任"等称号。这是社会对我的最高褒奖。看到我努力工作、悉心研究结出的果实，我心里很满足，因为我所追求的教师梦是脚踏实地的奉献之梦。

黑发积霜织岁月。如今，已从教39年的我依旧坚守在乡村教育第一线。回首39年的教育生涯，我无怨无悔。39年的教育教学工作中，学生的喜爱、家长的信任、同事和领导的认可，是我人生中最值得骄傲的事！

时下，习近平总书记正带领全国人民为实现中华民族伟大复兴的中国梦而奋斗。我想：作为教师的我要义无反顾地为实现自己的梦想继续加油，为实现中国梦尽一分自己的微薄之力。到退休之时，我会自豪地告诉我的学生、同事、家人和朋友们，我的教师梦是圆满美好的，因为我曾经为梦飞翔过。

爱心浸润，静待花开

青岛市即墨区特殊教育中心　王彩君

"爱"可以说是世界上最美的字眼了。提到"爱"，我们想到了爱父母、爱丈夫（妻子）、爱孩子……作为一名教师，我们还有一份特殊的爱，那就是爱学生！作为特教学校教师，教育的对象是特殊的孩子，他们更需要教师的关爱，我们只有真爱学生，陪伴着孩子们时时刻刻浸润在爱的滋养中，才能真正走进学生的心灵，引领他们快乐成长。那么怎样才是真正爱学生呢？

一、尊重学生，平等相待

按照马斯洛的需要层次论，尊重与爱的需要是高级的社会性需要。如果人的尊重需要得到满足，会产生一种积极的幸福体验，内心会升起一种积极向上的力量，而这正是学生努力进取的源泉。我们的教育对象是智力发展迟缓的学生，他们的内心更渴望获得尊重与爱。

作为特教教师，一方面要清楚地看到他们身体的缺陷，运用科学合理的教育方法和手段，帮助他们最大限度地克服障碍，弥补缺陷，获得发展；另一方面，还要尊重他们，平等地对待他们，满足他们的自尊需要，引导他们逐步成为一个适应社会、自尊自爱的人。

琪琪是一个特别爱唠叨的孩子，只要一见到你，不管你忙不忙，他都会围在你的身边，和你手舞足蹈地唠着"家常"。说实在的，有时特别忙的时候，我心里也烦，真想转身走开。可是我知道，这就是孩子的交流需求，他需要有听众来倾听他的诉说，他需要有观众来欣赏他的表演，他需要肯定，需要关注，更需要尊重。每每想到这些，无论多忙，我都会耐心地倾听他的"唠叨"，认真地解答他千奇百怪的问题，以真诚的微笑面对他甜甜的笑容。在课堂上尽可能多地给他表达的机会，并给他以鼓励和认可。久而久之，琪琪脸上的笑容多了，行为改善了，变得更爱学习了……

面对这些特殊的孩子，只要我们用爱和尊重打开他们心灵的窗户，用爱去走近他们，用心去体会他们，用充满尊重的话语去感染他们，用尊重他们的行动去感化他们，就会建立尊重和谐的师生关系，取得事半功倍的教育效果。

二、理解学生，呵护心灵

我们面对的学生大多智力发展迟缓，他们在学习方面存在着诸多困难。对于再简单不过的一个词语、一个句子、一道算数题，他们要理解和学会可能都会非常困难。作为教师，在课堂上，面对学生一次次的不懂、不会，我常常会有一种"恨铁不成钢"的感觉，有时可能声音不自觉地就高了起来，生气的语言也会随口而出。可是，当我看着学生惶然委屈的眼神，突然意识到自己的失误与失态，接下来会真诚地向他们道歉："对不起，老师不该对你们发火。"慢慢地，在理解和接纳中，我学会了跟随着孩子的特点和节奏陪伴着他们成长。我常常想，既然每一个孩子都有花期，这些孩子的花期特别晚，那我们做教师的就要理解他们的发展特点，用心地呵护他们、陪伴他们，耐心地等待着他们的花期慢慢地到来。如果不顾及孩子们的认知特点，急于求成，甚至挥鞭驱赶的做法，只会适得其反，不仅无益于学生的发展，还会伤害学生的心灵。

所以，爱学生，我们就要理解他们，呵护好他们的心灵，陪伴着他们走好人生的每一步，这才是真的爱学生。

三、开心微笑，阳光心理

有一次在课前和学生交流时，一位腼腆的女孩子对我说："王老师，我真喜欢你！"我就问："你为什么喜欢我啊？"女孩羞涩一笑："因为你就爱笑……"孩子无法用更丰富的语言表达自己的情感，但就这样一句简单的话语，瞬间让我感受到教师的微笑对于孩子们而言是多么重要，这就是他们最需要的爱的表达！

我们常说，"微笑像一杯热茶，滋润我们干涸的心田；微笑如冬日阳光，帮助我们驱走一切的寒冷；微笑是冬日的暖阳，使你感受到了冬天的温暖；微笑如一杯薄荷茶，让你在春天感受到一丝清新"。可见，微笑真的是一剂助力身心健康的良药。美国密歇根大学心理学教授詹姆士也曾说过："面带微笑的教师，更能培育快乐的孩子。笑容比皱眉头所传达的讯息要多得多。"因此，教师脸上的微笑有多少，学生心中的阳光就有多少。在日常教学中，如果教师能微笑面对学生，让学生感受到爱和温暖，感觉到轻松和舒心，在这样的氛围中，学生的心灵是敞开的，他就会愉悦地接纳着我们给予的教育。

特殊学生因为自身的生理、心理原因，他们更需要老师的爱与笑容。无论在课堂还是在课间，无论在餐厅还是在宿舍，我始终微笑面对学生，让学生们每时每刻都感受着老师对他们的爱与欣赏。这样，他们就会觉得更安全、更快乐，才能敞开心扉，更好地去爱别人、爱自己，他们的心灵也会变得生动而丰富，他们的人生也会绚丽多彩！

所以，爱学生，就把我们的微笑送给学生吧！你的微笑会让学生感受到温暖，使他们充满自信，收获快乐，健康成长，这不正是我们教育的意义所在吗？

四、理解宽容，陪伴成长

"金无足赤，人无完人。"每个人都会犯这样那样的错误，作为成长中的学生更是如此。他们正是在犯错、知错、改错的过程中不断长大成熟的。因此，对于任何一位学生，老师都要有同理心，用理解的眼光去看待他们，以宽容的心态去接纳他们。这样，学生才能感觉自己是安全的、才会在不断的学习与试错中快乐地成长。

在一次心理课上，一位平时发言很积极的男孩又举起了手。为了鼓励更多的学生，我先叫了平时不怎么发言的同学来分享。可是，这位任性的男孩却生气了，涨红了脸，嘴里生气地嘀咕着，重重地把本子摔在桌子上。好像这样还不足以发泄他的不满，他竟然快速走到我的讲桌前，拿起我的课本狠狠地撕下一页，扔到地下，然后扬长而去。此时此刻我真想狠狠地教训他一顿！可又一想，这位男孩是一位"糖宝宝"，他的特点就是有时无法控制自己的情绪，此刻的行为是他情绪的直接表现。想到这里，我冷静下来，觉得此时自己更应该理解、宽容他，引导他合理宣泄自己的情绪。本节课正在讲述情绪绘本故事，于是我就和颜悦色地问他:"现在请你告诉老师,小熊生气时候的做法对不对呢?"他立刻不好意思起来,轻轻地说:"不对。""为什么不对呢?""它乱发脾气,乱摔东西。""嗯,回答得很好,那它应该怎么做呢?"他根据绘本内容做了合理的解答。我又问:"那你能告诉同学们,你刚才的做法对吗?"这时,他的声音更低了,轻轻地说:"不对,老师,对不起。"然后他竟然不好意思地捂住了脸。作为心理老师的我,始终相信,理解和宽容可以让学生自己去认识错误、在领悟中去成长。慢慢地,男孩胡乱发脾气的频率越来越低,上课的表现也越来越好。

所以,爱学生,就以一颗理解的心去感受他们,以一颗宽容的心去对待他们吧,他们一定会在爱心浸润中不断成长。

苏霍姆林斯基曾说,智残儿童不是畸形儿,他们是世界上无限多样化花园里最脆弱、最娇嫩的花儿,他们需要爱心浸润,才能花开满园。作为特教教师,只要我们以爱心为钥匙,开启他们心灵的窗户,真心地去尊重他们、理解他们、宽容他们,耐心地去陪伴他们、呵护他们,静待花开,那他们一定会在我们的教育引领下满园芬芳,健康成长。

每一个生命都值得期待

青岛平度市东阁街道崔召中学　王爱民

"老师，这是我和爸爸星期天浇麦子时捉的。"周一一到学校，小C就跑到我跟前，递给我一个塑料袋。

我打开一看，是几条收拾得干干净净的小鲫鱼。我不由得想起了前些日子赶集买回来几条鲫鱼。中午饭后，我在学校宿舍东头的水池旁，想收拾一下鱼，晚上回家光下锅行了。可我这从来没收拾过鱼的，真不知该如何下手。小C和几位同学正好路过，三下五除二就帮我解决了大难题。"老师爱吃鲫鱼啊？"小C边刮着鱼鳞边问我。"哦，听说鲫鱼汤很有营养的。"没想到我随口应答的一句话，他却记在心里了。

思绪飘到了两年前……

又是一年新生开学季，级部主任把我们几个班主任召集起来说："经了解小学班主任，这级学生里面有几个比较'孬头'（调皮捣蛋）的，得把他们分开，否则分到一个班去，成了'气候'，谁也不好办。"我的心一下子提到了嗓子眼儿，想想那些穿着奇装异服、留着奇形怪型、顶撞老师、叼着烟卷的叛逆少年，头就大了。主任仿佛看出了我们的担心，接着说："说他们比较孬头，并非就给他们扣上了差生的帽子，只是这几个孩子，更调皮一些。"我怀着忐忑的心，用颤抖的手去抓阄，我分到了小C。

第二天，新生报到。我先点名，点到他的时候，我下意识地顿了一下，瞅了瞅这个不曾谋面就给了我"下马威"的小家伙：中等个头，小脸白白的，小单眼皮里装的是满眼的倔强与叛逆。开学后的几周，小C是每天闯祸最多的，而且无论你怎样说服他，他也不会说一句"我错了"。他对待任何一个老师的态度都是高昂起脖子，头歪向一边，用不信任的、挑衅的眼光看着你，对我也不例外。他的这种态度真的把我气得不得了。有时我想：这哪里是个孩子，分明是块顽石！从头到脚，简直一无是处！每当任科老师对我说小C太难管的时候，我只能苦笑，因为我对他，用"苦口婆心、呕心沥血"这些词来形容都显得很苍白。和有些孩子两个周谈不上一次话，和他一天就得谈两次。我有时真想一狠心，再也不管他了。

　　就在我不知所措地想放弃他时，我惊喜地发现了他的闪光点：他很聪明，背东西特别快，他很爱劳动，乐于助人，爱打抱不平。在和他家长多次的电话、家访交流沟通中，我了解到他是一个特别孝顺的孩子，父母下地干活回来晚了，他会做好饭、烧好水；家里包了饺子、包子，他会第一时间一路小跑给奶奶送去。记得我的一位校长说过：我们当老师的家里也有孩子，咱们希望自己的孩子遇到什么样的老师，咱们就努力做一个这样的老师。从此，我改变了对他的一味指责与批评，每天都用爱的目光去迎视他的漠然。课堂上，一些简单的问题，让他来回答，回答对了，让同学们掌声鼓励一下。当他背过课文了，我伸一个大拇指，说一句："厉害！你简直太棒了！"哪一天没有任课老师和同学告状了，我会摸摸他的头，说："今天表现不错哦。"

　　一天下午，我和其他没课的老师正准备去签退回家，只见数学老师怒气冲冲地从教室回来了，把书本往桌上一摔："真是气死我了！这样的孩子真不值得管了！"后面紧跟着进来的是小C，依旧吊儿郎当、玩世不恭的样子。哎！这已经是N次把任课老师气回办公室了。我强压怒火，招呼他过来。这次我没有劈头盖脸地批评一通，而是让他坐下来。他先是一愣，继而把头一歪，表示并不领我的情。我站起来，扶着他的肩头，再次示意他坐下。这时，他就没有那么高傲了。我心平气和地问他："怎么回事？"他慢慢低下头来，细数着他的"不光彩"。我双手扶着我的额头，长叹一口气，表现出恨铁不成钢的无奈。沉默了好一会儿，他轻轻地说："老师，我错了，你别生气了！"我有些惊讶，没想到"我错了"这三个字也能从他的口中说出。我掩饰着内心的喜悦，表情依然严肃地说："那你知道错在哪里了吗？""我不应该上课说话，更不应该和老师顶嘴。"说着说着，他不说话了，把头低下了，眼角也湿润了。"老师，你能不能别不管我了，我以后改……"他努力不让眼泪流出来。我说："一个人，把脾气发出来，是本能。但要把脾气压下去，那才叫本事。老师们管你是为了啥，在这世上，除了你爹娘、亲人外，还有谁会像老师们这样苦口婆心地教育你，希望你变好呢？""老师，我也想成为好孩子，可是，我到时候就管不住自己了。"他越说越激动，眼泪再也控制不住，哽咽着说不出话来了。

没想到，在这个看似倔强而又叛逆的少年的内心深处，也有一颗渴望上进、渴望被人尊重的心啊！我递给他一块纸巾，等他的情绪平复了，我问他："那你知道应该怎么做了？"他下了保证，并说明天一到学校，就向数学老师道歉。我点点头，对他伸了一个大拇指。"那你觉得自己有哪些优点？"他的头像拨浪鼓似的摇着："我没有优点。幼儿园的时候老师表扬过我聪明，上小学后，就一年比一年让老师操心。好多老师都觉得我无药可救了，甚至不管我了。""你怎么没有优点？今天，你能认识到自己的错误，并知道应该怎么做了，这就是优点。"这回，他反而有点害羞了。"还有，你负责教室门窗，每天能及时开关，这也是优点。""这也能算是优点？"他用怀疑的眼光看着我。"那当然了，一个人做一件好事不难，可要每天坚持做，那可就了不起了，我都很佩服你呢！"他很兴奋，眼里放着光，我从来没发现他的眼睛这么有神。我又帮他找到了4个优点，并让他记下来，回家贴在床头，每天读一遍，争取每个月再加上一至两个优点。临走的时候，我发现了他眼神里的坚定与自信。原来，蹲下身子引导学生自我反思，比一味歇斯底里地说教效果好多了。

慢慢地，告他状的越来越少了。他虽然还会经常犯错，但是我已经很知足了，因为他终于可以诚恳地听我的劝告了，也开始交作业，不顶撞老师了。我相信老师们所给他的每一份叮咛、每一份鼓励，都会使他向正确的人生路上靠近……

放下鲫鱼，我给他家长打了个电话表示谢意。他妈妈说："老师，你千万别客气！孩子回家说，俺老师爱吃鲫鱼，老师对我可好了……最近，孩子就像变了人似的，到家知道学习了，跟他说话再也不犟嘴了……太感谢你了！"

"岁月如歌"这个词真是不错，就在岁月不经意地一唱一和中，我已从教26个春秋了。学生来了又走，走了又来。不经意间，我也做了21年的班主任了，像小C这样的孩子，哪届不得碰上那么一两个，学生们给了我很多东西，他们让我笑过，让我哭过，更让我感动过。在他们的成长中，我也逐渐成熟起来。我感谢他们，是他们让我感到了辛苦之后的快乐，是他们让我有了付出之后的成就感、获得感。

　　是啊，每一个生命都值得期待！如果他是花，我们就静待花开；或许他本来就不是一朵花，那就让他长成树吧；如果他也不是树，那就让他做一棵小草，不是同样能够装点大地，给大自然带来一丝生机吗？

我和幸福有个约会

青岛平度市南村镇兰底小学　官卫坤

在我刚毕业的时候，一位老教师曾对我说过："每一个孩子，都是一个天使，无论是安静听话的还是调皮捣蛋的，他们的眼神都在渴盼，渴盼爱的阳光洒在他们身上。教师的爱像春雨滋润着学生的心田，教师的爱像路灯照亮学生的方向，教师的爱像一把大扫帚，能扫去学生心灵上的尘土。"

说得多好啊！那么，我们为什么还要吝啬我们的爱呢？也许就是从那时起，我就默默地在心底告诉自己：我要做春雨，要做明灯，更要做扫帚，做一名爱的传递者。因为我相信，只要我传递爱，学生就能感受到爱，自然就会怀有一颗爱人之心。

教师的幸福从哪里来？我想，教师的幸福源自我们对学生无私的付出。不管是嘴里的喋喋不休，还是班级工作的繁忙琐碎，都阻挡不了我们对学生的关爱。如果没有我们今天的辛勤耕耘，又哪会有明天的百花争艳！

在我从事教学工作的这些年里，我深深地体会到作为一名小学教师的辛苦，人生需要用汗水甚至是泪水来滋润，然而，在忙碌之余，更多的还有快乐和感动。

班里有个男孩，是学校里的"调皮大王"。其实从我刚接班的那天起，我就已经对他的名字如雷贯耳了。可是真正接触起来我才知道，他比我想象中更无敌，打架、骂人，整天惹是生非。我永远不知道，下一分钟他会给我惹出什么样的麻烦来。后来经过了解，我才知道他的父母常年在外上班，所以跟孩子几乎不碰面，更别提对孩子进行学习上的辅导了。孩子由于疏于家庭的管教，行为和语言上不免都有些偏激，孩子也挺可怜的。而且，我发现这个孩子的本质并不坏，他想和同学们交往，只是方式不对，他对别人所表示的友好往往就是拍人家一巴掌或者是给人家起绰号，而这样做的结果往往会引起同学们的反感。他的智力不错，自己也想好好学习，却总是管不住自己，上课时做小动作，和别的同学交头接耳。

了解了这些以后，我努力让自己用平常心看待这个孩子，可是当我看到他每天把教室弄得乌烟瘴气，我还真是气不打一处来。这时，一位老师给我出了个主意："你得让他有点事儿干。"可是让他干点什么呢？不是担心吗，那我就让他整天出现在我的视线范围内。于是，我把他叫到面前："给我当课代表怎么样？"他瞪了瞪眼，没有言语，只是摇了摇头，果然不出我的所料。我当机立断："不行也得行，你没有选择的权利。"话是这么说，我还是让一名品学兼优的同学和他搭档，顺便监督他的动向。

因为是课代表，他必须以身作则，所以渐渐地他的作业能及时完成了，上课能主动举手回答问题了，还要帮助我整理作业。可孩子毕竟是孩子，长时间养成的不良习惯怎么可能会在一时半会就完全改好呢？有一回体育课上，他竟然把一位同学的脸给打伤了。那次我是真生气了，说："你走吧，我不要你了，反正你也不听我的话。"听到我第一次说这样的话，他也愣住了，从来没流泪的他号啕大哭，使劲拽着我的手说："老师，我错了。你别不要我，我以后听话。"说实话，听了孩子的这几句话，我的心里也不好受，强忍着才没有流下眼泪。"那你以后别再惹麻烦了。"他点了点头。我也暗自劝自己，要相信这个孩子，他一定会改变的。

这次分班之前，我就暗自祈祷，千万别再让这个"大麻烦"分到我的班里了，所以一抓完阄我马上看看名单里有没有他的名字。可有的事情就这么凑巧，他又分在我们班里了。望着这个结果，我叹了口气。正如有些人所说的，这也许就是我跟这个孩子的缘分吧。让我欣慰的是，在新的班级里，他终于开始懂事了。上周因为感冒的缘故，我的嗓子一直不太好，每次课前他都会提醒我："老师，你的水。"虽然只是简短的一句话，我的心里却充满了感动与欣慰。回想起他在这两年里的成长，我也在不断劝慰自己，不要心急，给孩子慢慢成长的时间和机会。

天冷了，给孩子买一件暖和的棉袄。孩子生病了，及时送他就医，鼓励他勇敢坚强。早上孩子吃不上饭，给他带一个热乎乎的包子。在日积月累的学校生活中，我时时刻刻关注着这个孩子。除此之外，在工作之余，我主动与家长多次联系，告知他们孩子在学校的点滴进步，引起家长对孩子成长的重视。时间长了，家长终于不再放手不管，时常主动地与老师们交流，询问孩子在校的表现。看到这个转变，我真心为孩子感到高兴。

现在的他，偶尔还是会出现这样或者那样的问题。可是渐渐地，我已经能够坦然面对孩子的过失与不足。因为我知道，只要他能够不断完善自己，那就足够了。而能够亲眼见证一个孩子不断成长的过程，不就是我最大的幸福吗。

母亲节前夕，笨手笨脚的他制作了一张贺卡悄悄塞给我。打开一看，我愣住了："老师，你能做我的妈妈吗？""傻孩子，其实老师一直都把你们当作自己的孩子，所以才会严格要求，才会动之以情，才会有恨铁不成钢的失望和无奈啊。"转眼间，我和学生们已经步入了五年级。不同于低年级的苦口婆心，有时一个眼神，学生们就会意识到自己的不足和错误。所以我时常是当面犀利，转身却忍不住笑出了声，和学生们打交道，就是这么有趣。有的时候我竟会忍不住骄傲一下，这些学生是怎样在我们的引导下，成长为今天的模样，聪明、活泼、积极、向上，看到日渐长大懂事的学生，我的心里感到暖暖的。

幸福是什么？每个人都会有不同的理解，而我们的幸福也许只是学生们取得进步后一张张笑脸的回报，也许是学生一句简单的问候，也许是学生毕业后的一张薄薄的贺卡。

但教育实在是个良心活儿，我不愿意放弃任何一个学生。如果我的学生是蜜蜂，我甘当采蜜的花朵；如果我的学生是花朵，我愿做护花的绿叶；如果我的学生是幼苗，我一定当好称职的园丁。我也相信，总有一天，我们的付出他们会懂得，我们的苦口婆心他们会理解。我们或许不会干出什么惊天动地的大事，然而只有真正做过教师的人，才能体会到教师的幸福。

看着学生们一天天长大，以前的忙碌已经渐渐忘记，留在心底的是满满的喜悦和幸福，我们真应该为自己感到骄傲。在教书育人的道路上，我们付出的是汗水和泪水，收获的却是桃李满园和那沉甸甸的师生情。就让我把自己最深沉的爱奉献给学生们，相信在爱的滋养下，今日含苞欲放的花蕾，明日定能开出更加绚丽的花朵。

　　时光飞逝，转眼我已经在三尺讲台耕耘了十几年。我用智慧和汗水在我热爱的岗位上默默奉献着，虽然很辛苦，但我始终牢记：我是一名人民教师，就应该"甘为人梯，乐于奉献"，就要"坚守踏实，快乐耕耘"。无论前方的路如何，我相信只要我们心中有爱，就能战胜一切坎坷曲折。

　　那么，就让我们从现在开始，把幸福传递给更多的人，爱三尺讲台，爱莘莘学子，用爱的教育让学生茁壮成长。

守初心　铸师魂

青岛市崂山区沙子口小学　汪　萍

我于1991年7月，踏上了农村义务教育的"三尺讲台"，至今已31年。30多年的教育生涯中，没有轰轰烈烈、惊天动地的故事，只因我做的是最平凡的工作，但是我始终坚信，如果能把平凡的事做好就是不平凡。

一、学高为师，身正为范

从踏上讲台的那一刻开始，我就把人生的坐标定在了为教育献身的轨迹上。我热爱教育事业，热爱教师职业，热爱每一个学生，把自己的事业看得神圣无比。为了做好教师这项神圣的工作，我始终坚持不断学习，坚持阅读有关教育学、心理学方面的书籍和教育教学刊物，虚心学习老教师的教育教学经验，向年轻教师学习怎样制作课件、怎样熟练操作电脑等现代教学手段，努力做一名合格的人民教师。我深知没有坚实厚重的业务功底，没有系统的知识体系，没有先进的教育思想，就无法胜任太阳底下最光辉的职业。在教学中我力争做到有清晰透彻的思路、耐人寻味的启发、深入浅出的讲解，使每一节课都成为精雕细琢的示范课。

30多年教学生涯中，我几乎没有因为个人原因请过假，没给学生耽误过一节课。这对年轻人来说应该很容易做到。可是随着年龄的增长，我们的身体会出现诸多不适……熟悉的老师都知道，我是一位热爱运动的老师，因为我知道"身体是革命的本钱"，我曾发誓要为祖国健康工作30年。可是随着年龄的增长，近几年感觉精力和体力大不如前，更年期也不可避免地到来了，更年期综合征的显著表现是颈肩疼痛。2019年10月份，肩周炎最严重的时候，晚上肩膀疼得无法入睡，我只能坐起来靠在床头上休息片刻。爱人劝我说："实在扛不住就请几天假吧。"本来想好第二天请假休息一天，可是第二天早上我又默默告诉自己再坚持坚持吧，就这样请假的电话一直没有拨出，早读时我又准时出现在班级里。因为我知道小学生最依赖的就是班主任，一个班级没了班主任就像孩子没了妈，一些调皮捣蛋的孩子可能就会趁机惹是生非。当时，我的两只胳膊都疼得无法向上抬起。上课需要板书时，我必须用左手托着右胳膊肘才能勉强在黑板上写字，穿衣服、系扣子、上厕所系腰带都成了难题，但是我没有叫过一声苦，从没在领导和同事跟前提过这件事。我咬牙坚持下来了，因为我知道这个全天下最小的主任，身上承载着无数个家庭的希望，不能轻易耽误孩子们的学习。

二、以爱育爱，培智润德

因为有爱，我学会了包容学生，用欣赏的眼光肯定学生，不断树立学生的自信心和自尊心，让他们茁壮成长，享受喜悦。

牛牛是一个敏感脆弱、爱面子、自尊心极强的孩子，他自我约束力较差，脾气一上来就大吼大叫，别人的只言片语都有可能冒犯到他。

有一次音乐课上课不久，突然有学生来办公室找我说："汪老师，音乐老师让你赶紧去教室看看，同学们都从音乐教室回来了。"我预感事情不妙，连忙停下手里的工作，快步走进教室。教室里十分安静，音乐老师站在黑板前一言不发，见我进去，忙解释刚才发生了什么事。原来是牛牛和明明趁老师转身板书的间隙发生了矛盾，当音乐老师回转身的时候，发现牛牛已经从最后一排冲到了前排，用雨点般的拳头打明明的头。音乐老师连忙将两人拉开，并且把所有学生带回了教室。为了不影响其他学生学习，我认为有必要将两位学生带到办公室去处理问题。所以我用略带生气的语气说："牛牛，你出去，到办公室门口等我！"只见牛牛怒气冲冲地离开了座位，拉开教室门，然后用力一甩，教室门咣当一声关上了，那声音震耳欲聋。这时，我的嗓门也不自觉地提高了几个分贝："牛牛，你回来！你为什么摔门而出，你摔谁呢？"只见牛牛返身回到教室，歇斯底里地回应我："我没摔，是风太大了！"经牛牛这么一提醒，我才注意到当天的风确实有点大，也许牛牛不是有意摔门的，可能是我冤枉了他。为了缓解尴尬的气氛，我压低了声音像自言自语似的问："是风大吗？"他依然大声吆喝："是！"我看他在这种不冷静的状态下，根本无法解决问题。于是，我轻轻地走近他，拉着他的小手说："牛牛，你看看老师在刮风的情况下是怎么关门的。"他不说话了，静静地看着我。我用手拉着门把手，并且有意识地朝反方向推着，门被轻轻地带上，没有发出一点声音。我趁机问他："现在仍然像刚才一样在刮大风，为什么门没响呀？"经过这一番引导，牛牛的火气已消了一大半儿了。我赶紧趁热打铁，说道："牛牛，你能像老师这样把门关上吗？"他点了点头，轻轻地关上了门。事后，连音乐老师也忍不住到我办公室说："汪老师，我太佩服你了，这种情况下你怎么能压住火？"我想，只要我们以广袤之心、友善之心，奉献自己，就没有解决不了的问题。顺着这个思路，接下来牛牛和同学的矛盾也迎刃而解了。

教育教学工作没有剧本，每一天都是现场直播。先解决情绪，再解决问题，这样才能事半功倍。老师的心态决定了教育的效果。我经常教育学生遇到问题要从自身找原因。我是这样说的，也是这样做的，学生犯了错，首先应该检讨的是老师。

三、恪尽职守，任劳任怨

我今年已经54岁了，仍然担任着班主任及语文教学工作。古语有云："家有隔夜粮，不做孩子王"，当老师的都知道，班主任工作虽无大事，但是却纷繁复杂、千头万绪。尤其是新冠疫情发生以来，各种相关工作纷至沓来，许多年轻的班主任每天都累得筋疲力尽，叫苦不迭。可我却觉得这是一种修炼。"搬柴运水无非妙道。"心态摆正了，干什么都心生欢喜，怎么会累呢。

作为老师，我们应该心有大我，胸怀家国，为了国家的繁荣富强，尽一己之力，争取多教育出一批批德才兼备的优秀公民。

2009年，我接手了五年级一个班，当时班里有一名叫小松的男孩，上课纪律松散。课堂上，他要么趴在课桌上睡觉，要么扰乱课堂纪律，严重影响老师和学生的正常上课，课间还经常与同学打架。小松妈妈爱子心切，面对孩子的状况，她很伤心但又无计可施，只好向我求助。从小松妈妈那里大致了解了她家庭的情况。原来在小松上三年级时，他的父亲突然因病去世，小松和父亲感情深厚，他无法接受父亲离开的现实。后来他的母亲再婚了，尽管继父对他视如己出，但他仍然无法接受这个新家庭，经常和妈妈闹别扭。了解到这个情况，我就开始有意识地关注小松。

有一天早上小松上学又迟到了，我把他叫到办公室了解情况，只见小松话还没有出口，眼泪已经止不住地往下掉了。他告诉我，虽然他父亲去世已经两年了，可是父亲的音容笑貌一直留在他的脑海中，他每天晚上都睡不着觉，他感觉非常地恐惧。他想念父亲，所以经常是天快亮了才敢睡觉。听到这里我忍不住流下了眼泪，这分明是一个有孝心、重感情的孩子。我把小松紧紧地搂在怀里，给小松讲了很多人生的道理，希望他有一颗感恩之心，理解妈妈养育他的不容易，鼓励他勇敢面对生活中的变故和困难，用积极、阳光的心态面对今后的学习和生活。从那以后，我每天都会细心关注小松的衣食住行和情感变化，及时与家长沟通，引导家长从心理层面给孩子加以疏导。小松慢慢有了变化，他开始信任我了，有什么心里话都会跟我说，性格也变得越来越开朗。

我用自己的爱心和耐心化解了孩子心头的坚冰，后来小松的成绩也进步很大，自信扬在了他稚气的脸上！直到现在，他妈妈逢人便说她儿子多亏遇到了汪老师，要不然她都不知道能不能保住这个幸福的家。

诚如陶行知先生所言："捧着一颗心来，不带半根草去。"我热爱教育，热爱学生。我愿成为一束光，照亮孩子们前行的路。

吴思悠

青岛平度市旧店镇旧店小学　王巧丽

　　新学期开学还没几日，老师们都很忙碌。我路过一楼走廊，一个小女孩跑到我跟前，仰着头轻声喊："老师好！"我随口回应："你好！"然后，我躲过几个调皮的孩子，快步向楼梯走去。

　　然而，我忽又停下了脚步，因为刚刚凑上前来打招呼的那张小脸似曾相识，那双眼睛清澈无比让我难以忘记。

　　我连忙转过身来寻找刚刚的小女孩——她站在那里看着我，好像在等待我的转身。我冲她笑，可我戴着口罩，她能看到我的笑吗？我又夸张地冲她招手，她的眼睛微微笑了笑，非常满意地和好朋友手挽手，跑远了……

　　她是一年级的小朋友，拥有一个好听的名字——吴思悠。她小小的脸，大大的眼睛，扎着马尾辫，穿着好看的衣服，背着漂亮的书包。我们俩相识于2021年10月初，学校大门口的她正在哭着找妈妈。

　　是的，这是一年级刚入学时的场景，但是思悠的这种状态已经有一个月之久，虽说是第一次见到她，但我早已听说了她的情况。自从当了妈妈之后，我时常想象女儿上学时的情景。我担心她会哭，不能适应学校生活……六岁的他们还是个小孩子啊！面对新环境、新老师、新朋友，会害怕也算是正常的。所以，每每听到或遇到这种情况，我总是很心疼这些孩子。

　　当我走到思悠身边的时候，值班老师正在询问她家人的名字，她哽咽着说："姑姑叫陶莹莹。"我放慢了脚步，心想："我有一个小师妹也叫陶莹莹，或许可以从这里突破。"

　　我拉起她的手，问："孩子，你是哪个村的？"

　　她的眼睛已经哭红，说道"陶家寨……"

"你姑姑叫陶莹莹，是吗？"我蹲下来，替她擦了擦脸颊上的泪珠。

她没说话，只是看着我。

我解释说："我刚刚听你跟值班老师说的，陶莹莹是你的姑姑，对吗？"

她点了点头。

"老师认识你姑姑呢！要不我联系一下你的姑姑，你先到我办公室等一会儿，可以吗？"我询问她的意见。

她又点了点头。

我拉起她的小手，这是一双软软的小手。我摸了摸她的手心，已满是泪水和汗水。

当我辗转找到了陶莹莹的联系方式，并跟她沟通好了之后，思悠已经跟我来到了办公室。我们聊天、吃水果，顺便了解她的家庭情况，加之小英姑姑发来的微信，我也知道了事情的大概。

原来，思悠的妈妈和姑姑都是幼儿园老师，她小班时跟着妈妈，大班就跟着姑姑。入学之前，妈妈、姑姑和她，三人都没有做好充分的心理准备，这升入小学，刚换环境，既没有妈妈也没有姑姑，思悠的心里自然会觉得很难过。

此时，下课铃声正好响起，当看到思悠的情绪明显好一点了，我就对她说："思悠，你在我这里好久了，于老师和同学们都想你了，我正好有事要到一楼去，会路过你的教室，你要不要和我一起去教室看看？"

"我想和你在一起……"她拽着我的衣角，仰着头说。

"好，你陪我一起去楼里转转吧。"我们手拉手往一楼走去……

到了教室，她的好朋友飞快地跑过来，抱着她问："吴思悠，你去哪里了？"思悠抱着她，没有说话。好朋友拉着思悠，要给她看新本子。

思悠看看我，我鼓励道："去吧，和好朋友玩去吧，等下了这节课，我一定来看你。我们拉钩，我说话算话！"

思悠还是没有放开我的手。

"思悠，你还记得去老师办公室的路吗？如果你想见我，就带上好朋友去办公室找我吧。"我给她的好朋友一个眼神。

这个好朋友真是机灵，她兴奋地说："吴思悠，下了课，你带我去找这个老师吧，好不好？"

她点点头，对我说："老师，抱抱……"

我蹲下来，和思悠，和她的好朋友抱在了一起。

下课铃响了，我如约出现在教室门口，冲着思悠招手，她高兴地跑出来抱着我……接连几天，我路过她教室的时候，会透过门玻璃看看她……后来，我只有中午吃饭的时候，会去她的餐桌旁坐一坐……再后来，我已经在队伍当中找不到她了，因为所有的孩子们都开心地笑着、跳着……

当思悠不再需要我的时候，我就应该静静地"退出了"。

在那段对思悠来说比较困难的日子里，我无意间成了她小小的依靠，而我很乐意成为这样的依靠。因为我希望，这些小小孩儿们能快乐地长大，纵使有很多挑战等着他们，也会有人陪他们"闯关"；因为我也祈祷，当我的女儿在成长中不知所措的时候，会出现一个让她依靠的人。那个人，很大概率是老师吧，而那个人，也应该是个老师吧。

故事本该到此结束，但是今天，那张熟悉的小脸又喊了我："老师好！"我停下来摸摸她的头，说："你好，吴思悠！"

吴思悠，勿思忧。

扎根农村，呵护纯真童心

青岛市崂山区东泰小学　刘秀珍

　　不变的是那山、那树，变得是年轮，增加的是岁月。转眼间自己在工作岗位上已经23年了。在这23年里，担任班主任16年，副班主任4年。回顾班主任的16年，那时的我一直都在低年级教学。农村学校不分专业，所以当时的我，不但教语文、数学，有时还兼着本班的美术教学。

　　每接一届一年级新生，我都会被他们那双渴求知识的"大眼睛"深深吸引。那里面饱含着孩子对知识探究的欲望，怀揣着对校园美好生活的憧憬，我的内心总是无比激动。我知道自己身上的担子不轻，我要用爱去教育和感染每一个孩子，让他们尽快适应小学生活，做好他们踏入小学阶段的引路人。

　　"老师，您教我们吗？"伴着甜甜的声音传入耳畔，我会心地点点头。

　　"走，咱们回教室！"

　　"好呀。"

　　话音未落，他们就像一只快乐的小鸟一蹦一跳地跑在我的前面……

　　一年级孩子好动，新的环境更能激活他们的好奇心，他们对学校里的老师、同学、书本、教室、学校环境等陌生事物都感兴趣。特别是他们的班主任老师，在他们心里更是无比神圣。为了尽快和他们拉近距离，走进他们的心间。一开始，我采用了"握握手，你是我的好朋友"的自我介绍法。记得陶行知先生曾经说："把我们摆在儿童队伍里，成为孩子当中的一员。我们加入儿童队伍里去成为一员，不是敷衍的，不是假冒的，而是要真诚的，在情感方面和小孩子站在一条战线上。"就这样，我和孩子们一边握手，一边做着自我介绍，并随手给他们胸前贴一个笑脸，还不时夸孩子们在交流时流溢出的优点："能认识你，我也很高兴""你的声音真甜""你的眼睛真漂亮，老师一下子记住了""真是个口齿伶俐、表达清晰的好孩子""握着你软软的小手，心里好暖……"

距离拉近后，我开始了自己的第二个套近乎的方法：打开话匣。

生活在农村的娃儿，个个非常接地气，下课后可以尽情与大地对话：大地是现成的画板，他们可以在上面随意涂鸦、也可以趴在地上或站在树旁观察蚂蚁的爬行轨迹、拿着妈妈缝制的毽子开心地玩着"打鸭子"的游戏、望着蓝天白云天马行空畅所欲言……有好多问不完的问题、说不完的童趣、讲不完的幻想话题。课间，他们总喜欢围着老师说这说那，老师成了他们的"百宝箱"，但有时也会被问得抓耳挠腮。看看，农村娃儿多逗，个个都有"不把老师难倒不罢休"的势头。我喜欢那种感觉，感觉好幸福、好温暖。

为了给孩子们创造大的生活空间，让他们淋漓尽致地表达自己所想、所看、所感，我把课堂搬到了校园，在校园里我们进行了一堂别开生面的"大话故事王国"。孩子们把自己瞎编或精编或精心准备的、东拼西凑来的故事，你一句我一句，争着、抢着、补充着。他们讲得有头有尾，听得津津有味，而我有时却一头雾水。为了不让孩子们发现，不扫他们的兴，我极力要求自己和他们一起享受故事中的快乐、悲伤、幽默……渐渐地，孩子们和我走得更近了、更亲了，他们把我当成了贴心的大朋友，我们常常在一起有说有笑。生活中的快乐不言而喻。

孔子曰："工欲善其事，必先利其器。"在管理班级方面，我也从小事开始抓起，对班级中出现的问题从不大声斥责，而是换一种角度、换一种方法从孩子的兴趣爱好出发。例如，小孩喜欢玩纸是大家熟知的，经常会把教室弄得到处都是。为了让他们认识到这样不卫生，而且也浪费纸。我发动全班一来起动脑想，怎样把这些纸充分利用，变成我们喜欢的工艺品？孩子们开始七嘴八舌地献计，"老师，可以做彩色的纸花朵""老师，可以做纸贴画""可以用来装饰物品的外观""先涂上颜色，再做成纸灯笼""老师，我会做纸恐龙……"教室里像炸了窝一样，方法、良策一应俱全。这时，我拿出事先折好的纸飞机，没等我开口，"纸飞机"三个字，早已飘出窗外。这一次的无声胜有声的放飞梦想课就这样拉开了序幕。相信他们一定会朝着自己的梦想不断努力、前进！

爱是教育的灵魂，没有爱就没有教育。好老师要用爱培育爱、激发爱、传播爱，通过真情、真心、真诚拉近同学生的距离，滋润学生的心田。好老师应该把自己的温暖和情感倾注到每一个学生身上，用欣赏增强学生的信心，用信任树立学生的自尊，让每一个学生都健康成长，让每一个学生都享受成功的喜悦。

我所做的虽然微不足道，但在班主任工作期间，看到孩子们纯真的笑脸，我会感动，我会陶醉，我的内心会有一种力量，这种力量绵延过千古，仍然年轻，一尘不染。这种力量来自学生，是你们给予了我坚持的勇气、进取的信念，是你们以热情和温暖感染了我，让我不懈努力。青春，有你们，真好！

后来，因学校教学工作需要我改教美术，虽然教美术了，但自己从未放弃做一名合格的好教师。在教美术的岗位上，我还兼任副班主任。

早已习惯班主任忙碌工作的我刚开始非常不适应，每天总觉得少了好多东西。这天课间，我来到负责的班级里。我刚一探出头，一个小女孩就跑过来拉着我的手："美术老师，你是我们的副班，太好了！"我的那种当班主任时与孩子们之间的亲切感油然而生，刚开始担心孩子们不会待见我，现在看来顾虑是多余的。

"你喜欢我当你们的副班？"

"嗯。"

我听着那柔柔的声音，看着她甜美的笑容，心里不知道有多高兴。

我不仅是他们的副班，也是他们的美术老师。有一天美术课上，当我正在黑板上给他们示范时，有个孩子"哇"地哭了，吓了我一大跳。我猛一回头看到她用手捂着肚子弓着背趴在桌子上，眼泪哗哗地往下流。看到这种情形，我赶紧走到她跟前问怎么了，她说肚子疼。然后我就开始排查她早上吃的什么，课间喝温水还是凉水。从孩子的回答中我感觉都没问题。后来我又问她以前疼没疼过，她说疼过，妈妈让她在家里的炕上躺一会儿，妈妈还给她揉揉，然后就不疼了。听了孩子的描述，我恍然大悟：我儿子在二年级时由于长得快，经常发生痉挛性疼痛，揉揉肚子一般就会好，这孩子可能也是这种情况。于是我蹲下来给她轻轻揉着肚子，不一会儿她的疼痛得到缓解，看着她舒展的小脸，又一本正经听课的样子，我的心里高兴极了。

教美术课时量自然比当班主任时多，一天下来，嗓子都会"冒烟"，不知不觉就嗓子疼、咳嗽，然后在上课之前我会先告诉孩子们我嗓子的情况，然后讲课时声音可能会小，孩子们一定要更加认真地听讲。孩子们一个个机灵地点点头，一堂课也能完成得很顺利，那时的我真是感觉孩子们太给力了。

课间，我和那个肚子疼的女孩儿相遇了，她走到我跟前说："老师嗓子好点儿了？"呵，一看到这熟悉、充满稚嫩的脸蛋，一股暖流涌上我的心头。原来爱早已在我们心间传递。

学校规定副班要和班主任一起在餐厅规定的位置和孩子们共进午餐，以方便配合班主任维持学生进餐秩序，减少因午餐时说话噎着等危险事情的发生；午餐后副班要快速回教室陪着早已吃完饭并回教室的同学看书，不准大声喧哗，更不准打闹，为培养孩子们养成良好的看书习惯；如果班主任请假或参加教研活动，副班除了要上好自己的课外，还要全天候跟班：陪课间、陪午餐、陪放学。放学时，家长按时来接还好，如果不能按时，副班就要全权负责联系家长问清事情缘由，然后陪着孩子聊天，以缓解孩子等待家长来接这段时间的焦急心情。当家长领着孩子离开的那一刻，看着孩子快乐地一蹦一跳跟着家长撒欢的样子，我这一天的副班责任终于圆满完成。下午大课间时，副班还要跟着班主任一起到操场和孩子们进行大课间活动。除此之外，一些班主任忙不过来的活，如写黑板报、宣传栏等，副班有时也需要协助……

副班一个不算大的"芝麻官"，却拉近了我和孩子们之间的亲情、友情、师情。它像一根纽带，彼此牵挂，彼此连接。

教师，既是一种职业，更是一种人生理想，是需要以整个生命去拥抱的伟大事业，教师应该拥有这样的人生标杆和生命境界。教育青少年成为祖国建设的有用之才，是极其伟大的事业，不热爱教育这多情的土地，没有工作的激情，就不能完成这世界上的伟业。教师只有倾注满腔热忱，才能对学生有感染力和辐射力；教师也只有燃烧自己，才能在学生心目中点燃理想之火。一个人的生命是有限的，而我们的事业是常青的。生活在农村，扎根农村教学。不管在什么样的岗位，都有共同的使命。为了我们辉煌的教育事业，为了我们可爱的学生，生命和肩负的历史使命结伴同行。

教育的本质就是人点亮人

——基于甘肃礼县支教的思考

青岛市崂山区第二实验小学校　何　琳

在2020年"时间的朋友"跨年演讲中罗振宇先生说道："教育的本质是人点亮人。"初闻这句话并未在我的心底泛起多大涟漪，直到来到了礼县，这句话的个中深意才渐渐地在心底明晰……

2020年伊始，青岛崂山教体局便组织了8名老师到甘肃省的一个叫作礼县的小县城支教，而我很荣幸地成了其中的一员。其实，大家乍一听到"支教"这个词时，都会表现出一种"苦大仇深"的模样。因为支教的条件确实十分艰苦，而且背井离乡，来到一个陌生的地方，内心的孤独以及对家庭的牵挂才是最难以排解的。我也不例外，作为这个年龄段的老师来说，来自家庭的压力其实是最大的。家里老人的身体状况、孩子的生活学习以及爱人的工作压力统统都变成了一道道难以逾越的阻隔。但是我想自己除了作为子女、母亲、妻子的身份之外，还是一名党员、一名人民教师。于是，我努力地安排好家里的一切，带着忐忑与牵挂，毅然决然地踏上了"支教"的征程。

我被分配到甘肃礼县白关乡硬硌坝小学。这个学校坐落在大山深处，距离县城3个小时的车程，而且山路崎岖，颠簸难行。学校的条件十分艰苦，教师宿舍也极为简陋，灰暗的水泥地面，斑驳脱落的墙皮，木制的硬板床，一张布满了灰尘的破桌子和一把起皮的旧椅子，旁边还放着一个脏兮兮的水桶。最糟糕的是房间里面没有水，生活用水都需要自己到楼下取。不仅如此，这里还没有厕所，用过的脏水也需要自己提下去倒掉。整个屋子里窗帘或许是唯一"现代化"的物品了吧。看着眼前的这一切，我的心情有些低落。但是转念一想这里的老师们都是这样生活的，而且有的拖家带口在这里教学，我又有什么不能适应的呢？于是，我撸起袖子开始打扫卫生。一切收拾好之后，我环顾四周发现整个宿舍似乎都变得温馨了一些，而我的支教生活也在洗洗刷刷的间隙中正式吹响了号角。

这所学校共有300名孩子，却只有12名老师，师资极度紧缺。这些孩子一共分成了7个班，老师们都是跨学科教学。例如，一名老师同时教语文和英语，老师的教学压力非常大而且教学精力也严重不足。因此，我们需要帮这里的老师带一些课，以减轻他们的教学压力。就这样我承担起了三、四年级的英语教学任务并担任了许多小科的教学。

来到这里之前我准备了很多课件，但是学校许多的多媒体年久失修，早已成为摆设，而且大多数老师上课也不用课件，只是简单地举着书本讲讲、画画、背背。孩子们学的英语也大都是哑巴英语，对此我只能表示深深的惋惜。不过幸运的是，四年级多媒体还可以用。于是在赵主任的帮助下，这个被当作摆设的"大家伙"，终于重新睁开了眼睛。孩子们看到多媒体被打开，兴奋极了。从一双双明亮的眼睛里，我看到了他们对新事物的渴望。我的心里酸涩极了，对于许多孩子来说司空见惯的事物，在这里却变得这样难能可贵。同样是天真无邪的年纪，他们似乎背负了许多这个年龄不该承受的东西。

经过匆忙的安排，我终于开始了支教的第一课。孩子们一个个坐得笔挺笔挺。但是这里的孩子们似乎都非常腼腆，不善言辞，而且说话的声音也很小，可以看出他们内心的那种自卑与不知所措。我走到了他们身边，做了一个严谨又不失幽默的自我介绍，孩子们哈哈大笑，气氛也渐渐地轻松起来。于是，我趁热打铁，利用手机设备做了一个短视频，介绍青岛并邀请孩子们介绍自己的家乡。最后我问孩子们"想不想去看看大海？"孩子们亮晶晶的眸子里折射出了熠熠的光彩，坚定地说："想！"我笑着说："那你们一定要努力学习，只有这样才能走出大山，走到你喜欢的地方。"说毕，我发现孩子们的眼神更加坚定了。

正式开始上课。我们学习了关于天气的内容，但是孩子们一开始还是怯怯的，缩在座位上像一个个小鸵鸟。于是我从口袋中抓出了许多女儿给我准备的小糖果，鼓励他们大胆回答问题。终于有一个同学鼓起勇气举手回答问题。我拿起了一颗糖果放在她的手心，并表扬了她。其他的孩子见状，也慢慢地开始举手回答问题了，整个课堂气氛渐入佳境。最后，回答问题的时候，孩子们不再畏畏缩缩而是争先恐后地举手参与，课堂气氛热烈极了。我也终于长舒了一口气。不知不觉间，课堂接近了尾声。下课前我告诉孩子们，以后见到我需要用英语和我打招呼。同时，我也把一个英语点读机APP通过微信群发给了孩子们，让孩子们回家听读纯正的英语，并跟着模仿，这样多听多练，学的英语就不会是哑巴英语，孩子们也纷纷点头应允。

第二天早晨，我走在走廊上，忽然有一个男孩停下来主动和我打招呼"Hello Ms. He."我高兴极了，觉得自己的教学有了立竿见影的效果。于是，上课时我询问有多少人回家听音跟读了。27人，虽然人数不是很多，但最起码有了一定的成效。我表扬了听读的孩子，希望更多的孩子回家听读。第二天，当我再次询问时，已经有了46人。我欣慰极了。同时，我也了解了家里尚没有智能手机的情况，5名同学默默地举起了手，看着一张张沮丧的脸，我安慰道："你们可以中午来找我，用我的手机读。"于是，12点左右我听到了几声轻轻的敲门声，打开门后发现5个孩子整整齐齐地排在门口。我急忙招呼他们进来，耐心地教他们使用方法，并给他们纠正发音。渐渐地孩子们脸上绽放出了灿烂的笑容。

随着课程的逐步深入，孩子们跟着我的节奏参与得也越来越好。但是，我发现他们的发音确实存在着很大的问题。虽然我总是鼓励他们起来说，表扬他们，慢慢调整，给他们纠正，但效果还是不甚理想。班里面没有网络，也没有办法实现这个APP的点读，这可把我难住了。后来在学校的帮助下，我找来了一个小音箱，插在手机上，虽然声音不大，但是还能听清。于是每次课前我都会陪孩子们听读，给他们纠正发音。孩子们听得很认真，发音的进步也很大。每天晚上我在空荡的宿舍里，但我不孤单，我会收到孩子们发给我读英语的语音，稚嫩的声音陪伴着我。我给他们一遍遍地纠正，孩子们的发音越来越好。微信群里发语音的学生逐渐增多，周一8人，周二17人，周三25人，周四35人——能上交语音作业的学生越来越多。我会给进步的学生奖励，他们也渴望学好英语。

除了日常的上课学习之外，课下的作业批改也是极为重要的，第一次批作业时我打开作业本一看，他们写的英语与拼音并无二致，都不是手写体的英文。于是我便给孩子们从26个字母开始讲起，一步一步地讲解要如何将英文字母写得圆润漂亮，孩子们接受能力很好，经过一番纠正后，孩子们的字母也写得越来越漂亮！

教学资源匮乏也是这里的一大弊端，大多数老师的手里只有教科书，于是我通过网络给全校的英语老师买了教师用书、教学单词卡，还买了鼓励孩子用的小印章，同时我还把崂山的备课和课件进行了共享，为这里的老师们上示范课，教他们利用这些教学资源，老师们都觉得收获良多，上课效率也提高了很多，同时在这种教育方式的熏陶之下，孩子们学习英语的积极性也提高了很多。

教育就是一棵树摇动另一棵树，一朵云推动另一朵云，一个灵魂唤醒另一个灵魂。我利用周末给全镇老师培训，我的讲座有理论，有事例，老师们听得津津有味。有的老师还拿起手机来拍有用的PPT，只要对老师有用，那就是值得的。我还在全乡的老师里推广了英语点读机APP和单词卡，我把现在教的班级孩子们发给我的语音播放给老师们听，听到孩子们的录音，教研员黄老师震惊了，她说这个资源实在是太棒了，就给礼县每个孩子赠送了一台点读机，只要坚持听读孩子们的发言一定会有提高。

在礼县教研室的邀请下，我要给白关镇中心小学去送课，这次活动教研室室主任和各科教研员都要参加，活动还是比较大的，我是有压力的。这套教材我已经5年没有教过了，现在已经改版，自己一个人要备出一节精品课来，也是很不容易的。我上网买了一些板贴，动手做了许多教具，准备了一节对话课，用了很多的flash和音频。因为害怕上课的时候打不开，我忧心忡忡。于是我先去教室里试试课件，果然没有声音。我又重新挨个插入，真是好事多磨。班级有70个孩子，从来没有给这么大的班级上过课，真不适应，但孩子们很积极，他们的眼神充满着对知识的渴望，我一定会给他们上好这节课的。

课堂上我和孩子们打成一片，在愉悦的氛围中和他们一起学习英语。我的课堂设计层层相扣，设计了很多活动，孩子们很愿意参与，再加上我的奖品和鼓励，整个课堂气氛都活跃起来了，课堂效果非常好，完全看不出这是一所山区小学的孩子，整节课很顺利。

下午是评课和教研活动，学校的英语老师认真地对我的课进行了评价，他们说在我的课上学到了很多，收获特别大。我也很坦诚地把我的经验都分享给他们，例如：如何上好对话课，如何整合教材，怎样培养孩子听音模仿的习惯等。我把手头的资源都分享给了他们，老师们非常感动，有位老师在评课的时候都流下了眼泪，很激动能听到这样好的课，她要向我学习，让自己的课堂也这样的高效顺畅。我也很感动，这几天的辛苦值得了。

都说"教育是育人之本"，可是究竟什么是教育，我想单纯的知识传授，确实是不能称为教育的，就像罗振宇先生说的那样"人点亮人"。经过这次支教，我似乎对于"点亮"这个词有了更加深刻的认识，对这些山里的孩子来说，生活在这个闭塞的空间中，不是他们能够选择和改变的，外面的大千世界是他们心向往之，却遥不可及的东西。而我们作为老师只能尽我们最大的努力，用我们见过的、了解的这些新事物传递到他们的世界里，为他们燃起一捧明亮的烛火。与此同时我们更应该充分利用起新的教育方式，去点亮他们的知识世界，我想这应该是罗振宇先生的个中深意所在吧。

教育为本，人点亮人，大爱不言，唯有践行。

春风化雨育桃李，润物无声写春秋

平度市南村镇南村小学　郑亮照

　　教育家苏霍姆林斯基曾说过，"教育过程要充满爱和期待，如果把一份爱放在家访中，就会取得意想不到的效果"。张桂梅漫漫十年家访路，翻山越岭只为你的事迹，令人肃然起敬，作为在乡村小学耕耘了30年的教师，我的家访工作，也有很多至今难忘。

一、推开一个门，打开一扇窗

　　进入四年级，我又接了一个新的班级。面对着新老师，新同学，班里的学生表现还不错。只有田田已连续请假三天，至今没有回来。放学后，我决定叫上班长，一块儿去田田家看看。

　　开门的是田田妈妈，进门之后，并没有见到田田。妈妈喊了几声之后，才见到穿着睡衣从卧室出来的田田。见到我，他淡淡地叫了一声，倒是比较热情地把班长让进了他的卧室，然后关上了门。

　　田田妈妈满脸尴尬，介绍说，田田已经好多天没有和她说话了，把自己关在卧室里，只有吃饭时出来把饭端进去。原因就是她怕儿子上网耽误了学习，把家里的网络停了。"这孩子太倔强了，为了他的学习，我自己也不玩手机，不看电视，起早贪黑工作，给他提供最好的生活条件，他怎么还不领情，这么不懂事啊！"田田妈妈的眼圈红了，看起来真的挺委屈。我安慰了她一番，敲开了田田卧室的门。凭借着多年的班主任工作经验，我从他妈妈委屈的泪花说起，讲到为人父母的不易，讲到学习的重要性，讲到没有节制地玩网络游戏的危害，简直是动之以情，晓之以理，甚至我自己都被感动了。而田田仍然淡淡的，一幅心不在焉的样子，但是，他毕竟答应明天来上学了。和满怀感激的田田妈妈告别出来，我的心情还是不错的，觉得这次家访达到了目的。看到班长欲言又止的样子我也没有在意。

第二天一大早，我就接到田田妈妈的电话，说田田仍没有起来去上学，问啥也不说，我安慰了她几句，带着满脑子的疑问，走进了教室。班长看我在端详田田空着的座位，走到我跟前，小声说，"老师，和您说件事。"我拉着他来到外面，"老师，田田不来上学，其实并不是因为他妈妈给他断了网线，而是……"他迟疑了一下，"而是因为他妈妈再婚，给他找了个后爸……"原来如此，我昨天自以为是的苦口婆心却原来是无的放矢。

当我再一次坐在田田卧室里的时候，我从他熟悉的电视系列剧《家有儿女》谈起，和他谈家庭，谈男女的婚姻关系，甚至谈感情，谈再婚。最后我说："田田，你也是男子汉了，应该体谅一下妈妈和爸爸感情破裂的痛苦，应该理解妈妈独自撑起这个家庭的不易，也应该试着理解妈妈的孤独。看看《家有儿女》里的刘星，既爱亲爸爸，也爱新爸爸，生活得多么健康、快乐。"我看到，田田眼里亮晶晶的，我知道，那是眼泪。田田送我出来，我并没有要求他明天来上学，但是，第二天他很早就来了，他的脸上充满阳光，我知道，他已打开了心结，准备迎接新的生活。

家访不仅仅是推开学生的家门，走进学生的家庭；更是走进学生的心里，打开学生的心灵之窗；真正达到"教育一个孩子，带动一个家庭，影响整个社会"的教育效果。

二、赠人玫瑰，手有余香

冬天的一个早晨，上课时间已到，班里的"拖拉鬼"陶同学还没到，这是家常便饭，我照例给他家里打电话，希望他妈妈催他快来上学。电话通了，没人接听。这倒是不多见。他爸爸在外地打工，娘俩在家，妈妈每天都是等儿子上学后才去上班，今天这是怎么了？我疑惑着，又打了两遍电话，还是没人接听。我心里开始紧张，向领导请了假，骑上电动车向他家驶去。

熟门熟路，他家我已来过数遍，门没关，我推门进去，陶同学还在床上睡着，没见他妈妈。叫起他，问他妈妈哪去了？孩子睡眼惺忪地说："不知道"。我催他穿好衣服，洗漱好准备上学。"郑老师，郑老师，我妈妈在这儿！她躺在地上！"他在厕所里惊慌的喊声把我吓了一跳。我循声奔过去，他妈妈倒在厕所的地上，已没有意识，我赶忙掏出手机，先打了120，又向学校领导汇报了一下，一会儿的工夫，120和学校同事先后来到，医生初步诊断后，将孩子的妈妈进行简单急救，抬上救护车送去了医院。

看着满脸煞白、浑身颤抖的孩子，我把他护在身前，不断地安慰他，并答应马上带他去看妈妈。坐着同事的车，我们赶到医院的时候，他妈妈已经醒了，听医生介绍，她这是严重的低血糖引起的昏迷，非常危险，如果没有得到及时救治，很有可能失去生命，幸亏发现得及时，输完液就可以回家了。孩子妈妈激动地拉着我的手，千恩万谢，弄得我倒不好意思起来，但是我心里特别开心。

同事说，幸亏他拖拉没来上学，不然，他妈妈就麻烦了。但是，他从此再没拖拉、迟到。他说，是老师救了妈妈，他要好好学习，争取也做个老师这样的人，对别人有帮助。若干年过去，他已是大二学生，成绩优秀，尤其能积极参加各种志愿者活动，确实值得欣慰。

三、一枝一叶总关情

又一个学期开始了，新接的这个班级的孩子特别活跃，下课后，他们毫无生疏离感地围住我问这问那，像一群叽叽喳喳的小麻雀，我很享受这种氛围，解答着他们的各种提问。这时，我发现座位上还坐着一个小女孩，她对眼前的热闹表现得无动于衷，忧郁明显写在脸上。我走到女孩身边，只问出她叫李云云，别的都无从知晓。

一个刚刚10岁的孩子，正是天真烂漫的时候，怎会这样呢？带着疑问，我查了她家的地址，下课后去了她家。

家里的房子还不错，挺宽敞。进去后，就不一样了，家具很简单，收拾得也凌乱，有一位中年男人在床上躺着，一问是云云爸爸。知道来意后，云云爸爸长叹一口气说，自己前两年得了肾衰竭，不能干活，每周还要三次透析，花费不少，云云妈妈干活去了，家里全靠她自己操劳。懂事的云云自从他得病就变得沉默寡言，可能大人的情绪也影响了她。我安慰了云云爸爸，回到学校，把她家的情况向学校做了汇报。学校当即表示，给予云云一些政策上的支持，为她申报了"春蕾女童"；申请了相应的贫困补助；减免了校服等费用。这些举措，能给云云一家一些帮助，但比起常年的透析费用，那也是杯水车薪呀。

第二次来到云云家，我和孩子爸爸谈得更深入些。据他说，他的病医生也找他谈过，最好进行肾移植，但那需要几十万，家里已经负债累累了，没有那个能力了，只能这样维持着，到哪天算哪天。看到云云爸爸的无奈和绝望，我深深被触动了。我问他能不能考虑水滴筹，依靠大家的力量来解决。他说，听说过，不知道怎么做。

第三次来到云云家的时候，我把打听到的水滴筹的一些操作信息详细告诉了他，希望他能通过大家的帮助，重新燃起生活的希望，也给家人带来希望，看看令人怜惜的小云云，一切努力都值得。

不久后，云云爸爸在专业人士的指导下发起了水滴筹，我尽我所能地捐了钱，虽然他最终手术并没有成功，令人遗憾。但是对云云的呵护和心理上的疏导我从没放弃，在和她妈妈的共同努力下，慢慢地，云云变得开朗起来，灿烂的笑容又重新回到她的脸上。

家访是一门学问，更是一门沟通的艺术。家访是一条心灵之路，作为老师，我愿用我的关爱在这条路上撒满鲜花，让孩子们的笑容在鲜花上闪闪发光。关爱比授业更重要，生活比课堂更广阔。"随风潜入夜，润物细无声"是教书育人的最高境界。春风化雨育桃李，润物无声写春秋，这是我毕生的职业追求。

板块三

且行且学，夯实专业知识

　　乡村教育的振兴需要一支有料的教师队伍。"一个教师，只会教书，充其量只是个'教书匠'。既会教书，又能搞研究，并把经验推广出去才是优秀教师。"在这个各种信息瞬息万变的新时代，每位教师都应该抱有终身学习的理念，只有这样才能让自己和这个日新月异的新世界真正接轨。有这样一群教师，他们牢记使命，在教研的路上困难重重也要迎难而上，源源不断地汲取工作和科研动力，脚踏实地走出一片锦绣前程，开创教育新天地。

"大鹏一日同风起，扶摇直上九万里"

——记我的讯飞智慧课堂故事

青岛市西海岸新区外国语学校　邵志奇

唐代著名诗人李白在《上李邕》一诗中有"大鹏一日同风起，扶摇直上九万里"两句，意思是大鹏总有一天会和风飞起，凭借风力直上九天之外。今天我笔下的"大鹏"就指课堂教学，而"风"指的是信息技术，讯飞的智慧课堂。这是一个教育的大时代，也是一个好时代。在"双减"的大环境下，智慧课堂呈现的多样化信息化工具和互动功能，让我们的新时代教育凭借这股东风扶摇直上，正如同这个扑面而来的春天，必将百花齐放，争奇斗艳。

我曾经是一名在教育教学上不愿意做任何改变的英语老师，从教20多年来，一直在凭借自己多年来积累的教育教学经验进行课堂教学。还记得新区大场中学英语学科的刘培蕊老师去年发表在青岛日报上的一篇文章，题目叫《从录音机到一键点读》。这篇文章主要讲了学校的英语老师们这些年在课堂教学上的一些变化，质朴的语言，读来却让人感同身受。因为我正是那批20世纪90年代末参加工作的初中英语老师，那时候我们学校里给英语老师们每人配备了一台录音机，学校也专门购买了与课本同步的磁带，上课时学生们可以听或跟读磁带来学英语。录音机就是当时那个时代学校里英语老师们最前沿、最先进的英语教学辅助设备。前些年教室里开始安装了电子白板，英语老师们可以在办公室自己的电脑上下载上课要用的录音和课件，然后用U盘拷到教室的电脑上，上课的时候，只要鼠标一点就可以随时播放，电脑开始阔步进入课堂，营造了学习英语的氛围，也提升了孩子们的英语学习兴趣和英语成绩。

而现在，伴随着科技的发展，我们的课堂教学又迎来了新一轮升级和变革，尤其是师生平板学习机的普及和应用，课堂信息技术的迅猛发展极大地提高了师生的课堂效率，也让课堂教学进入了前所未有的高效时代，顺应这个美好的时代。新区的每一位老师都主动参与了这场轰轰烈烈的教学变革中。当然，我也不例外，从不接受到被动接受，到慢慢接受，从不会使用平板到会使用，再到熟练运用，我学会的时间可能比别人更长一点，也可能是从刚开始就把自己当成了"70后老教师"的原因。这些教育信息技术的变革，让英语老师们尤其感到开心的是，上课时老师们再也不用操作录音机或电脑来跟读英语了，在平板上一键点读就可以实现了。

记得2021年暑假的那场智慧教育考试，说实话从一开始我就有畏惧和排斥的心理，感觉自己很难过关，但最后我还是排除这些杂念，让自己安静下来，提前精心准备，客观题和实操题一道道过关，成绩公布后我差一点就得了满分。这次智慧课堂的考试成绩让我信心倍增，也让我思考了很多。在我们英语课本里有一句话"You are never too old to learn."即"活到老学到老"。在这个信息瞬息万变的新时代，我感觉我们每位老师都应该抱有这种终身学习的理念，只有这样才能让我们自己和这个日新月异的新世界真正接轨，而不是游离于这个世界之外。

上学期，我们初一英语组迎来了两位青岛大学英语系的实习老师，陈老师和张老师。新鲜血液的输入，让我们整个英语组瞬间充满了朝气和活力。年轻老师使用平板畅言智慧课堂一学就会，得心应手，而且能不断开发平板自身所带有的其他助学功能，除了简单的拍照上传和对比讲解外，还有课堂互动、抢答或全班作答、课后分享练习或作业，还开发了平板自带的自制答题卡功能。测验时学生在平板上限时作答，交卷后平板就会自动出分。学生可以对照平板显示的答案先自己修改错题，不会的错题可以课后讨论解决或等老师上课讲解，我们英语组的课堂效率随之提高了。学校里其他备课组纷至沓来取经学习。后来，我们的两位实习老师出的校公开课以及她们最后取得的教学成绩，也纷纷受到了学校领导和英语组老师们的肯定和好评。所以我感觉，那些热爱学习的人、热爱本职工作的人、扎实实干的人，就是我们当代最可爱的人。

把学生的热情激发出来，那么学校所规定的功课就会被当作一种礼物来接受。使用平板教学让学生对英语学习有了兴趣和好奇之心，而兴趣和好奇对学生而言恰好就是最好的老师。

英语写作一直是英语教学上的难题。选好作文题目，课后布置学生们回家写作文，然后第二天收作文，老师在办公室批改作文。这是以前我们英语老师的做法，不仅费时费力而且效率不高。而现在换了天地，情景大不一样了。我们初一英语组在两位实习老师的带领下，开发了平板自带的"智作文"功能，并且在自己的班级里先行先试，取得了很好的作文教学效果。然后我们英语组其他老师就开始跟着她们一起来学习推广和应用这个功能，极大地提高我们外国语学校学生们的写作能力。

智慧课堂中的"英语智作文"是英语写作训练的一项功能，教师可以在平台自带的题库里面搜集一些和本课本单元话题相关的一些有用的写作话题，然后在平台布置写作任务，学生在平台上完成后提交，平台来实现智能批改。老师从平台大数据上就可以一目了然地了解学生的完成情况，学生提交后可以查看自己作文的批改情况，包括作文得分，写得好的句式及需要改进的地方，老师可以根据智能批改的结果，快速了解学生们在写作方面普遍存在的问题。例如在一般现在时态里面，动词变第三人称单数的问题，一个句子里面出现了多个动词的问题，句子里面缺少主语的问题等等。这样在课堂上，老师就可以对自己班里的英文写作有针对性的统一指导，或对某个或某些学生在课后及线上个别辅导。

同时在英语写作这个环节上，教师要充分挖掘利用好教材，立足本单元话题，让学生有足够的英语语言来输出，因为学生语言的输入就是为了输出做准备。所以老师的有效介入，同时借助平板的"智作文"，就可以打造更加高效的英语写作课。

在我们这个大数据的时代，讯飞智慧教育的"人工智能+大数据"真正实现了精准化教学，在"双减"的时代背景下，确实帮助了师生减负和增效。所以我们应该好好感谢这个时代，感谢我们现在所拥有的讯飞智慧教育大课堂，让我们这些英语老师的课堂和过去每位英语老师只配发一台录音机相比早已"扶摇直上九万里"了。

2021年12月，区教育和体育科学研究院下发了"关于举行2021—2022学年度中小学幼儿园公开课选拔活动的通知"。在大家的鼓励下，我踊跃报名参加了，代表我们外国语学校的英语学科，也是我们学校唯一的一位参赛的英语老师，然后，我和智慧教育课堂的另一个故事也就自然而然地发生了。

动力伴随着压力接踵而来，参赛的初中英语老师要求讲的是初二上学期U10 Section B 2b，这篇阅读讲的是少年的烦恼，即学生在面对生活和学习时所产生的一些问题。本次比赛要求采用录像课的形式参赛，参赛主要是要求注重现代化手段的运用，熟练运用学生学伴机终端或者班级多媒体系统开展教学活动。

当时出课时间比较紧张，正好赶上我们外国语学校迎接教研室的一次教学调研，学校安排我出课，区初中部英语教研员刘凤英老师来听我的课。刘老师走进了我的课堂，课后以及我在出参赛课的过程中也给了我提出了很多宝贵的建议，让我很受益，我也一直对她心怀感激。而准备区参赛课的关键一步就是制作教学课件，需要自己动手制作，辅助网上下载，朋友借鉴，团队合作，最后自己来整合加工，每一步都需要精益求精，很不容易。因为这是面向全区老师的一次公开课选拔，由教体局聘请第三方来给老师们出的课评估打分。

课件制作完成之后，接着就是上课打磨。因为我这学期教的是初一年级，所以还需要借用其他年级的学生来上课，毕竟不是自己的学生，课堂上总是感觉缺失了不少默契和配合。每上完一节课，自己就会感觉到在上课的过程中顾此失彼，没有充分发挥利用好平板强大的教学功能。出课的过程中，我也请了同组的老师们一起参加听课、提建议。在平板"自由出题，全班作答"这个环节上，我在出课使用这步环节时不太熟练，现在想想估计这就是我本次区公开课落选的主要原因。但我相信熟能生巧，本学期，我会在畅言智慧课堂"自由出题，全班作答"的这步操作环节上狠下功夫，做到熟练运用。

这就是我和讯飞畅言智慧课堂的第二个故事，尽管故事的结局不是很美好，虽然我没有获得本学期区公开课的名额，但我依然要感谢出现在我生命和生活里这些优秀可爱的朋友和同事们，特别感谢他们的热情和热心，感谢他们的无私奉献和帮助。每个故事的结局未必美好故事才生动，一波三折，开始有不太美好的结局，也许故事会随着剧情越发展越好，也许更值得人们去关注。

人生其实就是一个不断学习的过程，路长且阻，会遭遇坎坷，但也充满梦想和奇迹。

2022年的新学期开始了，我和讯飞智慧课堂的故事又要开始了。因为从下周开始，学校又一轮半天无课教研活动，即出课评课活动又要开始上演了。学校要求各科教研组长和备课组长率先启动，努力出好开学后的第一课，所以估计我这个周末的其他安排又要泡汤了，因为我要在家好好准备，本周末我还特意把我的平板带回家，无论去哪，随身携带平板也已经变成了我的一个习惯。因为凡事"预则立，不预则废"，我深信这个道理。

在我们这个美好的时代，在全社会教育双减的大环境下，讯飞畅言智慧教育课堂，真正改变了传统的课堂教学模式，有效地提升了学生的学习质量与深度，真正让我们的课堂教学迎风"飞舞"了起来，给课堂带来了无限可能，助力老师和学生课堂效率的飞速提高，让我们真正切身感受到了科技和信息技术带给我们的迷人魅力，带给我们的星辰与大海。

这就是我和讯飞智慧课堂的故事。其实这样的故事每天都在上演，因为我们每天都在使用平板上课。"凡是过去，皆为序章"，这是出自莎士比亚戏剧《暴风雨》的开头的一段话。春天来了，新学期又开始了，一切又都是崭新的开始。亲爱的老师们，未来已来，就让我们和讯飞畅言智慧教育课堂一起结缘，一起携手，一起努力，一起打造高效课堂，一起发现更美好的生活。

且行且学，夯实专业知识

——对小学数学教学的再思考

青岛平度市云山镇云山小学　张永芳

我是一名小学数学教师，1991年7月从山东省平度师范学校毕业，从此踏上小学教师的工作岗位。1991年7月到1997年8月，在平度市旧店镇祝沟小学爱基金学区工作，1997年8月到2004年7月在平度市旧店镇祝沟小学工作，从2004年8月至今在平度市云山镇云山小学工作。工作30多年来，我一直奋斗在教育教学一线。由于自己不断学习，与时俱进，敢于争先，工作取得了一定的成绩，得到了领导、同事、家长、学生的认可。现把自己对小学数学教学的几点想法和大家共享。

一、提高自身业务素质是保证高效课堂的前提

我从小是一个被老师忽视的学生。小学阶段老师们不管不问，放任自由。我长大后回忆起自己的童年，感觉好孤独。所以我在初中填报志愿时第一志愿选择了平度师范学校。从进入平度师范学校的那天起就立下志向，好好读书将来做一名名副其实的好老师。在师范读书时我除了上课认真听讲，认真钻研教法、学法，一有时间到阅览室阅读各种教学杂志吸取营养。工作以来，除了认真给学生上课、备课外，我经常利用晚上、节假日加班加点学课标、研究教材、看杂志、不断给自己充电。1996年，青岛地区数学进行课程改革，我踊跃报名第一批参加课程改革，从小学一年级开始教，一直跟踪到六年级。第一轮课程改革过程中我利用暑假教材培训班的机会，把在教学过程中遇到的困惑向市级教研员及同行们请教学习，然后带着最新理念在课堂上尝试运用，收到了

良好的教学效果。比如现在提倡的小组学习、合作学习，课堂上学生是学习的主体、学生是学习的主人、给学生交流发言机会、给学生思考的空间、学生能解决的问题老师千万不能包办代替等理念。由于当时我大胆尝试，放手让学生自主管理自己，所以在我出去函授学习的日子里，我的课堂在班长的带领下有序进行。现在回忆起来也很有成就感。后来我发现，我们作为一名数学教师不仅仅本学科的知识要走在时代的前列，做到学科整合更能提高课堂效率，尤其进入20世纪中叶以来数学与计算机的结合给我们提出新的挑战。我们这些偏远山村的老师也不甘落后。我又是我校第一个参加市级信息技术培训的教师，在市里集中培训一个月学到了基础的计算机知识。为了追上时代的步伐培训结束后回到学校我经常晚上一人在计算机教室学到半宿，然后拖着疲惫的身子回家睡觉，躺在被窝里练习键盘的操作。功夫不负有心人，半年下来我对办公软件应用得非常熟练，日常生活中的需求问题我也能迎刃而解，为后来学习其他软件打下坚实的基础。我这样做的目的是尽最大努力把课堂上的损失降到最小，尤其在当前新冠病毒突然袭击下，我们的线下学习戛然而止，学生居家学习，老师居家上网课。如果我们平日不主动学习，不接受新事物，我们就会被时代淘汰，我们就跟不上时代的节奏。我们必须终身学习，不能满足于现状，在教研的路上一直努力研究着、探究着，力争让自己的每节课堂做到完美。由于自己不断学习，不断反思，不断努力，课堂授课水平大大提高，驾驭课堂也能如鱼得水。自己感到非常成功，但是现在反思自己年轻时的课堂做的离课标的要求相差很远。自己的课堂当时存在很多不足，越来越体会到干我们教师这行的确不容易，要活到老学到老。

二、课程目标的整体实现是保证学生优异成绩的关键

数学课程标准明确指出：为使每个学生都受到良好的数学教育，数学不仅要使学生获得数学的知识技能，而且要把知识技能、数学思考、问题解决，情感态度四个方面目标有机结合，整体实现课程目标。课程目标的整体实现需要日积月累。在日常的教学活动中，教师应努力挖掘教学内容中可能蕴含的、与上述四个方面目标有关的教育价值，通过长期的教学过程，逐渐实现课程的整体目标。针对课标的要求，反思我们的数学教学引起我的深思：为什么我们的

学生学习数学的兴趣，班级数学学科平均分、及格率、优秀率随着年级的升高越来越低呢？通过老师们互动听课发现，我们的课堂组织还存在一定的不足。如果我们在低年级学段的课程目标没有实现，到了中年级、高年级学生的课程目标衔接不到位，他们学习数学的兴趣降低。所以，每个学段知识点要都很重要，要注重知识的"生长点"和"延伸点"，把每堂课教学的知识置于整体知识的体系中，注重知识的结构和体系，处理好局部知识和整体知识的关系，引导学生感受数学的整体性。我们一定要认真学习课标、研究课标，领悟课标的实质，把课标提出的具体要求落实到位，我们的学生的数学能力才能切实得到提高。譬如，用数学解决问题的能力，我们要从低年级开始把加减乘除四种运算的原理讲透彻，学生借助学具盒的学具学习过程不省略。从低年级开始训练学生把数学信息和数学问题连起来说一说，课堂上给他们提供讨论思考的时间，让他们入心入脑组织多种形式如小组说、同桌说、集体交流，人人有发言的机会。把信息从情景图中提炼出来，然后把信息再反馈到情景图中，图文结合，然后根据数量关系列式计算。到了中年级，学生学连乘两步计算解决问题时继续通过摆学具，借助直观图帮助学生理解题意，探究解决问题的方法。注重学生在解决问题的活动中逐渐形成和积累解决问题的策略，而不是仅仅局限于学生获得具体问题的结论和答案。由于遵循教育规律，我班学生的数学成绩一直很好。

三、学以致用，一视同仁，关爱差生是时代赋予我们的使命

数学课标明确指出：数学是人类文明的重要组成部分，数学与人类发展和社会进步信息相关，数学知识从生活中来，又要回归生活中去。比如在学习顺时针旋转和逆时针旋转，学生马上想起了钟表，学生描述钟面上指针运动的方向叫顺时针旋转，然后根据字面意思推出什么叫逆时针旋转，并且把看似简单的数学知识运用到日常生活中去解决人们的一大难题。我是这样做的：同学们喝过饮料吧，想一想你们是怎样打开瓶盖的，打开瓶盖怎样旋转，拧紧瓶盖怎样旋转。全班所有学生马上回忆喝矿泉水的情景。学生开始在空中演示给老师看，总结出规律：越拧越紧，顺时针旋转是关紧瓶盖，逆时针旋转是打开瓶盖。每一个孩子都说得非常准确。最后，我布置一个课后实践作业：如何将这

一规律应用于实际生活，并体验应用带给你的快乐。回到家，学生在家长的监督下开始实验。第二天，一名数学成绩落后的学生高高兴兴地来到我身边说："老师，数学真简单，我就喜欢上数学。"我露出开心的微笑，并且奖励他一块糖和一张学习进步奖的奖状。他腼腆地说："老师，我这是第一次得到奖状。"我说："只要你努力，你还有奖状。"他说："是真的吗？"我说："一定兑现。"从此，他的学习积极性提高了，并且自己主动找出二年级的数学课本放在书包里，遇到不会的题拿出书看看，再不会的题主动找老师帮忙解决或者找同学帮忙。一个调皮捣蛋、做作业拖拖拉拉、拿别人东西、打仗骂人的孩子一去不复返，课堂上积极举手发言，计算题做得又对又快又好。我在全班学生面前大张旗鼓地表扬了他，全班学生对他竖起了大拇指。像这样的孩子很多，在我的带动下，他们都变样了。我想只要我们不放弃，关爱他们，他们终会发光的。

总之，作为一名一线的教育工作者，每天和孩子打交道，累并快乐着。我们一定牢记我们的使命，在教学的路上，即使困难重重我们也要迎难而上，做一名对得起党、对得起祖国的好老师。

坚定"双减"信念，切实提升乡村中小学生语文素养

青岛崂山区凤凰台小学　陈培芹

语文课程标准明确规定了语文素养的基本内涵和要素包括情感态度，字、词、句、篇的积累，语感思维品质，学习方法和习惯，识写字，阅读，写作和口语交际能力，文化品位，审美情趣，知识视野，思想观念等。全国小语会理事长崔峦提到语文素养是一种以语文能力为核心的综合素养。中小学学生语文素养的提升，决定着学生未来的发展，并关乎家庭的希望，更标志着国民素质的持续发展，是教育发展的根本目标。

当下中小学"双减"政策如火如荼，导致很多人只看到"减"的一面，却看不透"增"的层面。特别是乡村学校家长和学生，理解偏颇，致使家长对孩子放任自流，降低学习要求，学生自由支配课余时间，学习行为散漫，语文素养下滑，影响素质教育的进程。

作为一名乡村语文教师必须高瞻远瞩，防微杜渐，充分发挥语文教师的人格魅力，坚定"双减"信念，多方面引领学生合理安排语文学习与生活，切实提升乡村中小学生语文素养。

一、语文教师要明白欲速则不达的道理

学生语文素养的提升离不开语文教师的正确引导和参与，而学校和教育主管部门大都仅凭学生检测成绩的高低、教师斩获的各种比赛结果、论文著作、荣誉等方面来衡量语文教师的优劣，来决定教师评职称和职称升级。这种利益诱惑使大多数语文教师急功近利，抢课、抢时间，让学生刷题背作文，机械重复的作业无休无止，导致学生累，家长更累，学生厌学浮躁，家长怨声载道，教师累而无果，进入了欲速则不达的恶性循环。

"双减"后，语文教师一定要转变理念，吃透语文课程标准，把握语文素养的内涵，抱定提升学生素养的信念，放眼未来，戒骄戒躁，按部就班，修炼一颗平常心，明白"欲速则不达"的道理，脚踏实地、扎扎实实搞好语文教学，这样才能方显教师本色，才能走出一片锦绣前程，开创教育新天地。

二、语文教师要起到以身作则的示范作用

要想学生做得好，语文教师必须示范引领到位。因此，平时语文教师要以身作则，要求学生做到的，语文教师首先要做到。

一是要做一个爱读书的语文教师。要给学生一杯水，教师要有长流水。当学生看到老师时时捧书沉浸其中，是羡慕的，是效仿的，读书的风气就会蔚然成风。

二是要做一个爱写作的语文教师。教师每天写教学感悟反思，写教育案例，写读书心得，写自己的成长故事，并经常与学生分享，就会激发学生的情感共鸣和写作兴趣。

三是要做一个善于沟通的语文教师。教师在上课和批改作业时，了解学生的某些困惑，如果能及时地与学生沟通交流，打开心结，就会让学生开朗自信，学会与人相处，达到"亲其师信其道"的效果。

四是要做一个书写规范的语文教师。教师在备课记录、板书要点、写作业评语时做到书写规范美观，更会赢得学生的喜爱和崇拜，成为学生效仿的名师。

五是要做一个严谨自律的语文教师。教师对学生的要求想要学生贯彻落实，甚至让学生心服口服，就要以德服人，只有严谨自律，树立精品意识，才能以自己的人格魅力赢得学生的信赖。

三、语文教师要启发学生纯良积极的学习意愿

中小学生是语文学习的主体，他们对语文学习的纯良动机和积极主动的学习意愿决定着语文素养提升的方向和速度，因此，语文教师要想方设法启发学生纯良的语文学习意愿。

这种意愿的启发要摒弃功利性，引导学生学好语文与考试无关，与升学找工作无关，与家长的期望无关，只与自己息息相关。自己的生活需求、自己的

兴趣爱好、自己的能力水平、自己的快乐满足离不开语文。只有把书读好、把语文课上好，把话说好，把事做好，把人做好，就一定能学好语文，就一定会越来越优秀，成为别人眼中的风景。

启发学生最好的办法之一就是引导学生多读书，多读名人传记，通过名人故事培养学生树立远大的理想，为成就不平凡的人生而奋斗；办法二就是多举行学生喜欢的语文实践活动，激发学生的斗志，重视学生的活动体验，及时分享学生的感悟和成果，让学生体验参与的成就感；办法三是在班级四人小组安排上，让每个学生分别担任小组学习、纪律、卫生、生活组长，各司其职，各领风骚。运用不同的方法，让学生找到主动发展的意愿，人人求进步，谋发展。

四、语文教师要打造高效、有意义的语文课堂

高效而有意义的语文课堂是提升学生语文素养的主阵地，是师生共同发展的舞台。语文教师要牢牢抓住每一堂课的机会，从听、说、读、写的层面不断培养学生的素养，让每个学生成为听得明白、说得清楚、读得抑扬顿挫、写得感人肺腑的语文小达人，让每个学生的道德情操和人格魅力得到完善。

"听得明白"是"说得清楚"的前提。要想让学生听得明白，老师设计的问题要深入浅出，要调动学生的胃口；要紧扣文本，层层推进，引导学生学会抓关键词句，学生才能带着正确的问题读书思考，避免答非所问，不知所云，老师是不是就少走弯路了？

"说得清楚"是一种思维清晰的表现，对学生的要求更高一些。要想让学生说得清楚，要引导学生按照一定的时间、空间、逻辑顺序。要么从古到今，从前到后；要么从外到内，从内到外，从前到后，从上到下；要么由主到次，由浅入深，由整体到局部，由现象到本质。教学方法灵活有效，老师引导得好，训练的次数多了，学生的思维形成规律，信手拈来，就不怕发言，是不是就自信阳光了？

学生对文本说得清楚，理解得透了，那么"读得抑扬顿挫"就是小菜一碟了。什么节奏、轻重音、语气变化、感情宣泄成为学生和文本融为一体的桥梁，成为学生心灵之泉的流淌，变得有情有义。渐渐地，朗读成为学生一种自

然而然的心理需求，像唱歌一样融入学生的生活，这样的语文课堂是不是很有意义呢？

学生有情有义，思维有条理，能说会道，出口成章，落实到书面上，那就是写作的高手了。写作文时，教师要引导学生安排好画面组接，选好不同的素材，巧用小标题法，每个画面里有人有事有景有情，开头结尾有思想有创意，让作文课堂有奇思妙想，笔下生花，让写作成为学生每天不可或缺的甜点，让学生心灵天天有归宿，语文素养的提高是不是就水到渠成了？

五、语文教师要培养学生严谨自律的学习习惯

语文学习习惯的重要性妇孺皆知，小学阶段更是培养习惯的关键。养成严谨自律的学习习惯，是一辈子用不完的利息，包括课堂上专心倾听的习惯、认真思考的习惯、三思而后行的习惯、积极发言的习惯、记录笔记的习惯等；课后养成读书的习惯、认真书写的习惯、独立完成作业的习惯、条理清晰的习惯、练笔写作的习惯等；节假日培养适宜的动手做事习惯、善于接受新思想的习惯、善始善终的习惯、参与社会实践活动等等，这都与语文教师对学生的耐心引导和严格要求息息相关。

六、结语

综上所述，"双减"新政是素质教育的指挥棒，是中小学提升语文素养的催化剂，特别是乡村中小学语文素养亟待提升，决不能拖后腿。中小学语文素养的提升是一项艰巨的时代任务，是一项势在必行的改革。语文教师务必坚定"双减"信念，引领学生按照正确的轨道前行，不能违背教育规律，否则就会与"双减"政策背道而驰，与素质教育南辕北辙，祸国殃民。

读中探趣，法中推进，夯实文言

——小学初学文言文教学方法之我谈

青岛平度市大泽山镇长乐小学　袁丽丽

　　《三字经》《弟子规》《百家姓》这些古文名著不仅我们熟悉，我们的学生也大多熟悉，他们从幼儿园就开始接触，大都读过。这些书中的小文言文字数少，读起来朗朗上口，孩子们喜欢诵读，初学只会诵读的孩子们知道这些作品的语言文字与我们现代所说的话是不一样的，明白这些作品字数少，语言简练，读起来朗朗上口，喜欢读诵，但是幼儿时的他们不懂得这就是我们所说的文言文。进入小学后，我们就要利用好这些经典文言文做好学生学习文言文的心理过渡衔接，我们就要告诉我们的学生什么是文言文，就要教给学生怎么去学习文言文。今天让我们一起来交流一下让学生更好地学习文言文的方法"读中探趣，法中推进，夯实文言"。

一、小学初学文言文兴趣调动的重要性

　　从小学三年级开始，学生就开始学习简单文言文，如三年级上册《司马光》，三年级下册《守株待兔》。初学文言文的学生，最初会觉得语言文字晦涩难懂。有的学生会怕学习文言文，甚至会产生厌学文言文的心理。我认为教师应该"教而有法"，并且做到"以学定教，顺学而导"，渗透学法指导，善于引导，调动学生学习的积极性和主动性，教给学生学习文言文的诀窍，学生就会爱上文言文，有学习文言文的兴趣，这就打开了学生学习文言文的趣味之门。

二、小学初学文言文课程标准的基础性

小学阶段对于文言文的学习要求比较简单。课程标准中年级段要求"诵读优秀诗文，注意在诵读过程中体验情感，展开想象，领悟诗文大意"，高年级段要求"诵读优秀诗文，注意通过语调、韵律、节奏等体味作品的内容和情感"。古人说"书读百遍，其义自见"，学习文言文的诀窍首先就是"读"，我在文言文教学中会先跟学生交流文言文诵读中"读"的含义，包括"听读""试读""品读""读懂""拓读"，这几种读法是一个循序渐进的教学过程，我会先以微课教学的形式呈现给学生，让学生知道学习文言文的"读中取趣，读中得法"。

三、小学初学文言文读中探趣的方法性

（一）听读初探文言文

"听读"就是在学习之前让孩子们听录音朗读、看视频朗读或者听老师示范读或者听同学朗读，跟着他人初步学习朗读。文言朗读首先得注意把握节奏，而"听读"就会给学生很好的范例，让学生做到读之前心中有数。例如在教学《司马光》这篇文言文时，在"听读"环节，我会让学生先听录音视频示范读，我再给学生示范读，让学生划分好节奏韵律，自己可以进入下一环节尝试朗读。

（二）试读读准文言文

学生听读以后一定要引导学生大胆"试读"。指导学生朗读时首先声音要洪亮，还要在停顿的地方读出划分好的节奏和韵律。试读中引导学生同桌之间，小组之间互相读一读听一听，然后评一评，彼此哪里读得不够准确，互相纠正，再读再评，一直到读通顺读准节奏，找寻朗读文言文的乐趣，进入下一阶段的品读。

读准字音：读准字音能提升学生文言文学习信心，也是理解文言文的第一步。

读准节奏：正确的句中停顿有助于学生理解文章，形成良好的语感。

读出韵律：通过不同节奏的朗读，让学生感受语调、韵律的明显变化，反复读才能读出情感，读出文言味。

（三）品读、读趣文言文

学生读熟文言文之后还要学着"品读"文言文。文言文和白话文在朗读上有不同之处。古时候，诵读诗文是一件非常风雅的事情，可以通过品读读出文言文的韵味。我会教给学生品读文言文的方法，品读时可以自由摇头晃脑地读，可以跟着适合情境的音乐朗读。总之，激发鼓励学生用自己喜欢的方法去读即可。这样一读，学生读文言文的情趣就会更加高涨，就会有进一步深入了解文言文的想法。

（四）读懂感悟文言文

学生通过听读、试读、品读激发了学习文言文的兴趣，就会主动探究学习文言文的内容，及时引导学习文言文，不仅要把文言文读通顺，还要读懂理解文言文的意思。引导学生要想弄懂文言文的意思，可以通过借助背景资料去读，借助课本注释去读，借助课本图片去读，借助工具书去读，借助联系上下文意思去读。老师把这些方法教给学生，让学生分小组主动探究，可以上台交流读懂文言文的依据的方法。例如教学《司马光》读懂文言文时，引导第一个学习小组交流他们在课前搜集到的司马光的资料，补充学习，让学生走出文本，更加深入学习文言文；引导第二个学习小组交流通过学习书上的注释，理解文言文中重点词语意思去理解句子，再有不会的词语可以借助工具书去查询意思，进一步理解文言文意思；引导第三个小组交流是借助课本上的图片和课件出示的几幅辅助故事图片去理解文言文内容，学生可以用讲故事的形式说文言文；引导第四个小组交流可以通过联系上下文去理解文言文，从文言字面意思入手，结合整个文章上下文内容去理解文言文。四个小组各有特色交流，班级学生各有启发，原来读懂文言文有这么多的方法可以学习，进一步激发学生深入探究学习文言文的方法之门。

（五）拓读深究文言文

教给学生学习文言文的方法后，还要"授之以渔"，教给学生做到学以致用。就是引导学生通过课内文言文的学习拓展延伸到课外文言文，真正做到融会贯通。具体可以通过学习积累归纳，归纳重点词语意思，归纳一些特殊的句子等，也可以通过阅读浅显文言文进行练习等方法提升做文言文的阅读能力，由一篇文言文带多篇文言文也体现了文言文的拓展魅力。

教学中可以让小学生初步感知文言文词语的用法：

1. 通假字

例如：五上《古人谈读书》中的"是知也"的"知"和六下"孰为汝多知乎"中的"知"都是同"智"，智慧。

2. 古今异义

例如：三下《守株待兔》中的"兔走触株"中的"走"和四上《王戎不取道旁李》中"诸儿竞走取之"的"走"是都是"跑"的意思。

3. 一词多义

例如：五上《古人谈读书》中"敏而好学"的"敏"是指"聪敏"和"敏以求之者也"的"敏"是指"勤勉"，两个意思不一样。

4. 词类活用

例如：五上《古人谈读书》中的"不耻下问"中的"耻"指"以……为耻"属于词语的意动用法。

兴趣是学生学习最好的抓手，文言文学习从"读"的兴趣入手，从"读"的情境层层推进。小学阶段学习文言文的最好的方法就是"读"，"书读百遍，其义自见"。这个"读"字教给学生"听读初探文言文"，"试读读准文言文"，"品读、读趣文言文"，"读懂感悟文言文"，"拓读深究文言文"，层层深入推进文言文教学，让学生爱上文言文学习，爱上读文言文读趣，主动探究学习文言文，我们的教学就真正达到"教学相长""学以致用"的目的，就会提升学生的语文文言学习素养。

且行且学，做一个有料的良师

青岛平度市同和街道白埠中学　韩美令

我们每一位都深知"老师是个良心活"，我也非常认同并践行特级教师魏之铸的理念："一个教师，只会教书，充其量只是个'教书匠'。既会教书，又能搞研究，并把经验推广出去才是优秀教师。"也正是对于教育的这份大爱，才给了我工作和科研源源不断的力量和灵感。

乡村教育的振兴需要一支有料的教师队伍。在专业化成长的路上，我且行且学，积累了一些工作案例和有效的工作方法。

一、立足课堂，认真打磨，创新实践，把先进的理念和方法放进课堂

我进行了多个主题的研究和探索，并写实践日记，观察并记录下每一天的内容、效果、变化，通过学生的反馈和交流，并逐渐改进完善，形成了研究性小论文。

（一）关于小组合作和评价制度的研究

课堂提问：每小组选派一名同学进行交流，以教师为主导，融合学生的意见，评出四个等级，记作100、90、80、70。

课堂笔记：课下以小组为单位上交，我对每一组的学习笔记做出评价，记作100、90、80、70。课课评价，天天记录，与前一次的成绩相加取平均分。

实验操作：主要是为了给学生更多试验的机会，一些演示试验我会提前辅导个别学生，让他们"替"老师进行演示试验。

自学水平：主要是鼓励孩子们自主学习，主动学习，发现问题，积极提问。

课堂纪律：良好的课堂纪律是提高学习效率的保障，把这一项列入其中，就是让组长不仅组织学习，也要提醒个别孩子不能开小差。

合作、评价，构建高效课堂，学生收获的还有团结、信心、科学素养，学习习惯，快乐、友谊。在老师和同学的充分肯定与恰当否定中自我价值得到展示，学生团队合作的意识加强，实现学习中的可持续发展。

（二）关于课堂情景创设的研究

通过情境教学的尝试，并结合化学教学案例，对课堂教学怎么才能创设情景的一些想法和做法，和在初中化学教学情境的概括、作用及其创设方法方面进行了探讨，旨在提高化学课堂效率，提升初中生对化学的兴趣。

（三）关于作业批改的研究

化学作业是课堂教学的延续和补充，是学生独立完成学习任务的活动形式，是教学的重要环节。农村学校的班级通常是40人的小班额，基础参差不齐，学习成绩、学习方法和学习习惯都存在着极大的差异性。通过完成一定数量的作业，能使学生巩固课堂上所学的知识，培养学生分析问题、解决问题的能力，掌握科学的学习方法，也利于教师了解教学情况，及时反思改进。

（四）关于实验教学的研究

实验课不是孤立的，在学生实验前，教授新课，老师演示实验，激发学生思考，获得认知和疑问，为后续实验奠定基础。有了第三节演示实验基础，《到实验室去》这一节我做的调整是完全放手给学生独立实验，合并氧气的制取和化学性质的探究，学生完整体验氧气的制取和性质的全部过程，节约了时间，避免了药品和仪器准备的烦琐，同时也是实验基本技能的一个练习。

二、保持空杯心态，向所有人学习，并应用到教育教学中去

"心理学上有一种现象，那就是为什么我们学习若干的道理却依然过不好这一生"这个问题就在于道理你知道了，你得用才有用，不用的话是不可能改变的。我们不仅要洗洗脑还要做一些练习改变旧有的自我。因为我始终觉得一个老师的专业化水平不够，误人子弟是可耻的、有罪的。

（一）教研活动是最直接的学习机会

作为非化学专业的我来说，非常珍惜也非常感谢教研活动，我们的教研员老师，我们出示公开课的老师，都不遗余力地以最直观的形式直接给到我们最丰富的视觉盛宴，使我能够从中汲取营养，得以迅速成长。马老师曾经以最

浪漫的方式在教研活动中给我们放了《心太软》那首歌，你总是心太软、心太软，把所有问题都自己扛。让我们看到满堂灌的教学过程的辛苦和结局的悲催。从此我就尽量精讲，更多的是引领学生自己去想、自己去做。比如小组合作、翻转课堂等教学形式的使用，感觉效果特别好。它们的优势在于，学生有后劲儿，越学越会学，中考成绩明显优于平常。后来通过对学习方法的研究，我进一步认识到知识和能力的差别，可以忘记的是知识，忘不掉的是能力。我们不放手，学生自己的学习能力就无法形成，苦了自己，误了别人。

（二）出课评课参加业务比赛，给自己一个涅槃重生的机会

最初几年，我就是通过参加各种业务比赛，比如说课、教学能手、基本功比武等来逼迫自己成长的。差不多用了三年时间感觉自己没有不会做的题了。当然仅仅会做题还是不够的。给我最深刻影响的有两件事：最早是马老师到我们学校听了我一节课，给我指出两个问题：一个是整体布局的逻辑性不够清晰，另一个是老师讲得多，学生练得少。从此以后我刻意在逻辑性上下功夫，现在做什么事或者讲什么话都要先拈出个一、二、三，有一个清晰的思路，在后来的学习方法的探索中也更加认识到练习的重要性，也因此更加坚定了精讲多练的理念。

（三）听课是提高专业素养的重要途径，跟高人学习，每个人都有过人之处

山外青山楼外楼，强中自有强中手。走出去，学进来。多年来，有机会和精力总希望多听几节课，可以打开视野，从多个角度领悟什么是好课。比如，青岛39中的老师送课，让我赞叹教师可以打破照本宣科，一点一线，平实清晰，发散思维，主次分明，应该是达到了大道至简的境界。再比如侯文明老师的课，逻辑性极强，极有条理又全面；曹新岗老师的课更注重推理和思维习惯的养成等等。总之，每一次听课中的冲击和体悟，会让我们得到抽丝剥茧般的成长。

（四）有时也会跟领导学管理

参加一些家庭教育的培训，读一些教育学、心理学、哲学的论著，从中留意记取一些有效的策略和方法，考虑用在学生管理中。通过不断拓展自己的认知，能够更好地与学生沟通，少走弯路，少犯错误。总之，学到好的东西就要用到教育中来。

三、 自学化学专业知识，备足底料

水浅了激不起浪花，同样知识浅了就没有创造力。所以除了在日常工作中尽量多做题，多看一下解读，也通过初中化学等这一类公众号，以及高中化学、高中老师、学霸笔记为自己备足底料，为提高自己学习能力和专业素养打好基础。专业自信，是提高教育水平和工作幸福感的重要基础。

博学多识，塑造人格魅力，提升自己，完成自我成长。

什么样的教师就会教出什么样的学生。要想学生成为什么样的人，首先自己要成为什么样的人。学科是相通的，规律也是客观存在的。所以因工作和辅导孩子所需以及一路成长的困惑，我持续学习了心理学的课程、美术学的课程、播音主持的课程、英语的课程和学好英语的正确方法、最强大脑学习方法的课程以及非遗手艺和传统文化的培训等。所有这些学习，都是为了更好地教育学生、为干好工作所备的料。使我在学识和心灵成长中得到疗愈和精进。

四、注意锻炼和爱惜自己身体，保持好奇心

我们自己才是自己的天，失去健康一切清零。

随着年龄的增长，拥有健康的身体、健全的人格和健康的心态，学习的脚步才不会停止。失去健康，等于失去工作！好奇心让我们越来越年轻、幸福！

你有信仰就年轻，疑惑就年老；

有自信就年轻，畏惧就年老；

有希望就年轻，绝望就年老；

只要对生活还保持着热忱与追求；

你就还是一个会发光发热的少年！

困难是让生命变得更好的挑战！当一个人能够用"不是得到了，就是学到了"这样的心态对待生命里的任何得失，他便再也无须面对输赢。有足够体验的人生才是真正赚到的人生。我们市局联盟校的改革实现了人力的资源流动，促进了相互学习，期待改革更深化，实现高中、初中、小学学段学科联盟，把门打开，让大家都有机会学习。且行且学，学有所得，事有所成，有爱有料，乡村教育的振兴之路是一条幸福路。

加强信息技术教育教学　提高学生信息技术素质

青岛平度市明村中学　刘海霞

在日新月异的信息时代，科学技术的应用会愈来愈广泛。中学时期是科学素养形成和发展的启蒙阶段，对中学生进行信息技术教育教学是社会的需要、时代的需求和教育的需要，培养中学生的信息技术素质就是当今教师的基本要求，也是教育工作者面临着和必须应对的新课题。因此，加强中学生的信息技术知识普及和技能形成教育教学，提高中学生的整体素质和运用信息技术的能力，就显得十分必要和必需。那么，如何在中学信息技术教学中培养学生的素质呢？

一、紧紧抓住教学内容和新课程标准，培养中学生学习信息技术的浓厚兴趣

学习兴趣是中学生学习和活动的积极性和启动力，从小培养学生的学习兴趣和求知欲对于学习信息技术知识、形成科技意识具有十分重要的作用。在信息技术学科教学中，教师要最大限度地根据学生的心理和生理特点，注意早培养、早发现、早学习，把教学知识面拓宽一点，使学生真正能把有用的东西学到手，在教学过程中注重把学生的兴趣逐步地转化为转向和动力。

在教学中可以通过以下几种方法进行引导和培养。

（1）讲述一些有关的信息技术专家勇敢探究信息技术之谜的故事，激发学生学习和探究的优良品质，培养他们学习和讨论的兴趣爱好。过去，我们有些教师一旦提到信息技术就联想到是科学家的事情，和学生没有多大的关系，并且口不离火箭、大炮和人造卫星；说到信息技术就是马云、比尔·盖茨、马化腾，使学生感觉信息技术离自己很远很远，从心里产生一种陌生和遥远不及的意识。如果教师在教学过程中，运用通俗易懂、简洁明了的语言说明信息技术就是一种先进的运用科学及原理进行探究和工作的技术和手段，就是从小处着手日积月累地掌握这门技术的结果，那么，学生就会对学习信息技术有了好奇心和学习动力。同时，结合名人和科学家从小探究和活动的小故事，就会使学生懂得：从小具有对信息技术的探究兴趣和好奇心理，是每一个科学家取得成就的基础。这些都会增强学生勇于探究科学、学习科学知识、参与科学活动的信心和勇气。

（2）通过大量的游戏性活动培养学生的好奇心理，激发他们的学习兴趣

信息启蒙教育要生动，要根据学生的学习特征从学生的情趣入手，引导学生广泛接触自然界、融入大自然，直接接触信息技术的有关科学知识和科技活动。在教学中，通过一系列游戏性活动提高学生的学习兴趣和探究心理，使学生在活动中激发学习意识、形成好奇心理。活动中要不失时机地让学生参与读书、看报活动，参与电脑知识阅览和应用文摘摘录，使学生掌握第一手材料。

二、巧妙地选择信息技术的教学内容、方法和途径，培养中学生的整体信息技术能力

信息技术教育的目的就是要拓展学生的学习技术知识面，发展学生的科技能力，培养他们敢于创新和勇于创造的精神。一个真正的信息技术工作者必须具有各种能力，要学会观察、学会思维和勇于实践，才会在实际工作中去发明、去创造、去创新，这是培养综合信息技术能力的中心环节。

（1）根据学校地处偏远的农村，我们因地制宜，选择了适合发展农村信息技术教育的教学内容和教学方法，以实际操作为主、多层次推广为辅的教学模式，深受学生的喜爱和欢迎。具体内容有：科技信息宣传和教育；农村应用技术推广和使用；信息心理和信息健康；环境保护及生态平衡的维护保养与信息技术的关系等等。通过这些活动和知识的学习参与，培养了学生热爱科学、积极收集、研究分析事物之间的密切联系的好习惯，奠定了信息技术能力形成的基础。

（2）通过各种形式的科技教育活动，提高学生的信息技术实践能力。在教学中，注意结合教学工作的内容和进度情况，合理安排一定的科技活动，培养

学生的科技意识和实地考察能力。通过开展"信息技术活动月"让学生读一本信息技术科技读物、看一篇信息技术科技杂志、讲一个信息技术科技小故事、做一个信息技术科技小实验等，培养学生参与研究、投身观察的积极性和实用意识，培养学生的实地考察能力。

（3）科技信息教育的几种途径。在教育教学工作中要通过以下几种途径进行信息技术教育教学。① 组织一支强有力的信息技术教育和辅导队伍。一位好的信息技术辅导员，不仅是一个好老师，更是一个学习信息技术知识的收藏家。② 建立一支信息技术教育的学生组织。在学校适当的地方成立各种学生小组织，如信息技术知识采集组、操作组、演示组和实验组等，更有利于研究和学习信息技术知识，培养学生的科技意识。③ 学校要不定期地进行小发明、小论文、小操作和小演示的信息技术应用活动，培养学生的实际运用和探究能力。

三、严谨治学、一丝不苟，培养学生优良的信息技术学习作风

信息技术活动是信息技术教育教学的主渠道之一，而信息技术活动又具有很强的社会性和竞争性。在组织和进行活动时要真正做到内容和实际的结合，实际和社会背景的结合。在教学中要教育学生从小树立热爱科学、关注科技、正确运用信息技术的好习惯，要懂得科技发展关系到中华民族的兴衰和荣辱，科技落后了就要被动挨打，用"信息技术无国界、信息技术有祖国""科学有险阻、苦战能过关"的意识教育学生，培养学生的思想意识和优良的科学作风。同时，要在教学中提高学生的竞争意识，在竞争中发展、在竞争中成长。当然，由于竞争的出现，会出现一些不和谐因素，如侥幸心理、嫉妒心理和弄虚作假的局面，教师要善于发现和及时处理有关的问题并对学生进行信息技术思想和信息学习作风教育，从小培养他们严谨治学、一丝不苟的科学态度和实事求是的科学作风。

教师在教学中要帮助学生树立远大的目标和正确的科技态度，引导学生树立正确的竞争意识，采取合理竞争方式进行竞争，以展现高尚的道德风貌和优良品德。要有严谨的学习态度和丰富的生活情趣，让学生终生怀着对于信息技术的美好情感去追求知识、研究科技和献身未来，并从中得到科技知识和技能

的浓厚乐趣。

　　当前，信息技术教育还刚刚有了起色，教育教学的任务还依然很重。作为一个特殊学科的教育工作者必须顺应社会和时代的发展，通过加强自身的信息技术知识学习和信息技术教育来促进教育教学工作的进一步提高，不断总结经验、学习先进知识，不断更新教学内容、改进教育教学方法，完善教学过程和教学结构，培养出真正具有完善信息技术技能的、具有较高信息技术素质的一代新人。

自旋电子学功能材料概述

山东省平度师范学校　顾秀雯

人们很早就发现电子具有电荷和自旋属性，电子电荷在传统电子学中为人类做了许多贡献，而电子自旋却一直没有发挥它的作用，直到1988年发现了巨磁阻效应，人们才意识到自旋可以用来处理信息，特别是二进制位0和1编码的数字信息。人们开始尝试将电子自旋加入器件中，利用自旋来传递信息，由此关于应用电子自旋的一门新兴的学科——自旋电子学拉开了序幕。在磁学和电子学的基础上，自旋电子学作为一门新兴的交叉学科，主要内容是研究自旋极化电荷的输运特性并根据其特性开发新器件。与传统电子器件相比，自旋电子器件具有数据处理速度快、能耗低等优点，是极具潜力的下一代信息技术。

自旋电子学不仅研究电子电荷的输运特性，而且研究电子自旋在固体材料中的输运特性，并根据这种特性设计出用于制造电子自旋的相关器件。自旋电子学器件的使用，有希望同时利用电子的自旋和电荷来进行工作，极大地提高了器件的工作效率。

在隧穿磁电阻效应（TMR）方面，美国实验室和日本研究所于2004年成功制备了以单晶MgO（001）作为阻挡层的隧道结材料，TMR在室温下达到200%，突破了传统隧道结材料对磁电阻自旋极化率的依赖。目前实验通过对单晶MgO（001）为阻挡层的隧道结材料制作方法的优化，TMR比率已经达到了600%。

庞磁电阻效应（CMR）是凝聚态物理、材料物理的热点之一，复旦大学物理系在该领域处于领先地位。

在自旋转移力矩（STT）方面，2016年美国Everspin公司开发出256Mbit的STT-MRAM器件。因为纳米加工技术对于STT-MRAM的研究发明是必不可少的，目前国内只有中科院物理所磁学国家重点实验室能够开展MRAM原理型器件的基础性研究。由于资源匮乏，很难在微电子工厂装置线上做出真正的STT-MRAM器件，技术水平和国际先进水平之间存在较大差距。

发达国家十分重视自旋电子学器件的研发，并且在研发中投入了大量的资金，但大多数器件还没有投入实际中，如果我国能在自旋电子学领域加大研究力度，有机会获得自旋电子学发展的优势，在未来新一轮的信息技术竞争中获得自主知识产权。

巨磁阻效应是发现的第一个重要的自旋电子效应。改进的薄膜气相沉积系统的出现导致1988年观察到薄膜铁磁/非磁性金属多层膜的电阻依赖于大磁场变化。与没有外部磁场相比，有外部磁场作用时电阻发生巨大变化，这种现象称为巨磁阻效应——Giant magnetoresistance effect（GMR）。巨磁阻效应可以用量子力学来说明，电子散射程度与电子自旋方向和磁性材料磁化方向有关，当电子自旋与材料的磁化方向相同时，较少的电子被散射，多数电子通过巨磁阻层，所以表现为低电阻状态；当电子自旋与磁化方向相反时，散射电子较多，通过巨磁阻层电子少，所以表现为高电阻状态。

巨磁阻效应制成的传感器由三层薄膜材料组成：即参考层（Reference Layer），普通层（Normal Layer）和自由层（Free Layer）。参考层和自由层是磁性材料薄膜层，参考层不受外界磁场的影响，磁矩的磁化方向不变，而自由层磁矩的磁化方向与外部磁场有关；普通层是夹在两层磁性材料中间的一层非磁性材料（图1）。

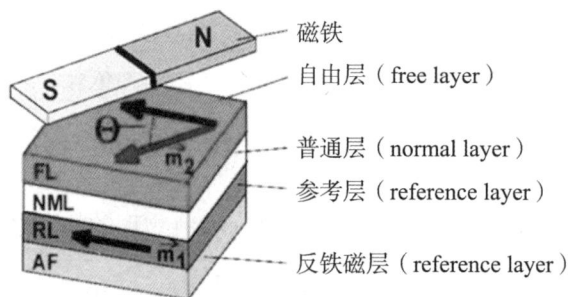

图1　巨磁阻层结构

图2、3表示一束电子经过巨磁阻层时，电子的散射情况。蓝色部分为磁性材料薄膜层，红色部分为非磁性材料薄膜层，黄色箭头表示材料的磁化方向，穿过薄膜层的箭头表示电子散射，旁相邻的黑色箭头表示电子的自旋方向。图2中两层磁性材料的磁化方向相反。当电子自旋方向与第一层磁性材料磁化方向相同时，则与第二层材料的磁化方向相反，那么电子容易通过第一层，而较难通过第二层，因而呈现高阻抗。图3中两层磁性材料的磁化方向相同。当电子自旋方向与两层材料磁化方向相同时，电子散射率低，因而呈现低阻抗。

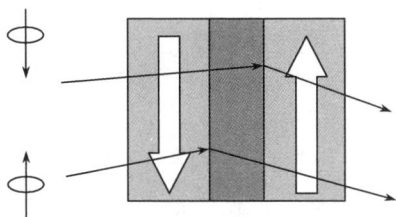

图2 反平行磁化结构下，电子散射示意图　　　图3 平行磁化结构下，电子散射示意图

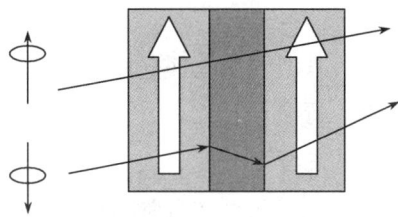

1988年发现的多层膜中的巨磁阻效应引起了人们的研究兴趣，随后在1992年、1993年相继发现颗粒膜和掺杂氧化物中的巨磁阻效应，1994年磁性随机存取存储器（MRAM）问世。巨磁阻效应的发现极大地提高了磁盘的存储密度并减少了磁性材料的尺寸。巨磁阻效应同时还被应用到各种传感器位置、角度的测量中，为研制各种新型器件打下了良好的基础。由GMR材料制成的器件主要包括磁场传感器和磁性随机存取存储器。

GMR材料的主要应用之一是磁场传感器，它是一种通过将各种外部因素引起的磁变化转换为电信号来传输信息的设备。GMR传感器的核心元件是自旋阀。自旋阀的基本结构是由参考层（例如Co磁化层）、普通层（Cu）和自由层（例如NiFe等易磁化层）组成的多层膜，其中自由层起着阀门的作用。当参考层磁矩与自由层磁矩之间的角度改变时，器件的电阻会发生变化，进而使电流发生变化。

使用自旋阀GMR元件的磁传感器，具有体积小，灵敏度高，温度对器件性能影响小，能探测到弱磁场并且信号好等优点。与磁阻（MR）传感器相比，在体积上更小，功耗更低。GMR传感器不仅可以替代磁阻传感器，也可以制为片上传感器阵列，以非常高的空间分辨率检测非常小的磁场，使器件智能化，用于货币和信用卡在内的文件验证、磁性成像和位置检测等。当前GMR已经在检测车辆通行情况、验钞等方面得到了应用。

磁性随机存取存储器（MRAM）是一种理想的存储器，用磁滞来存储数据和磁电阻来读取数据。由于难以将大量的存储单元与复杂的集成支持电路分开连接，所以存储器单元和支持电路在芯片上连接在一起。简单的磁性随机存取存储器结构也是由参考层、普通层、自由层多层膜构成，然后采用纳米制造技术，将GMR薄膜刻成图案化阵列形成存储单元。

与其他的半导体存储器相比，磁性随机存取存储器具有非易失性、耐辐射性强、寿命长等优点，这是其他半导体器件所没有的。同时它又有其他半导体器件的高读取速度、大容量和低成本，所以磁性随机存取存储器不仅在军事方面被重视，而且在日常生活中的数码、多媒体等方面也被看重。磁性随机存取存储器目前还正在开发中。

电学中对电子电荷性的研究和应用为人类社会带来了第三次工业革命，对电子自旋的研究与创造也将会带来新一波的变化，但是关于自旋极化电流的研究与应用仍然是一个很大的挑战。巨磁阻效应是自旋电子学的重要分支，它的发展会使人类生活更加便利。

自旋电子学材料的相关应用是未来最有前景的学科之一，是信息传输和处理的新型器件，在商业应用中具有很高价值，所以在这方面的研究是非常有必要的。目前，在巨磁阻效应领域，对磁场传感器、磁性随机存取存储器等应用还在不断地研究中，多铁性材料也已有了新进展，自旋电子学的各个领域都研发了新的理论和器件，自旋电子器件部分已应用到商业中，为人类生活带来巨大便利，但同时还有许多方面的问题有待解决，比如自旋注入方法还需继续改进，寻找新的自旋极化材料等。基于生物学，化学，物理学，电子工程，计算机科学和数学信息理论等领域的贡献，迅速崛起的自旋电子学有望在纯科学和应用科学领域提供基础性的新进展，对未来技术产生的重大影响。

坚定信念，以体育人

青岛平度市新河镇灰埠小学　刘　超

　　带着自己怀揣的梦想，我踏入了乡村小学，正式成为一名乡村体育教师。在别人看着是光鲜亮丽的职业，但我知道，迎接我的将是各种各样的困难和挑战。乡村教育很薄弱，等待我的是渴望追逐未来的乡村学生，需要去引导和帮助学生，促进学生全面的发展，是国家赋予我们乡村教师的责任和使命，同时，也是我坚定的信念。

　　踏入学校第一年，我接到了第一个任务，组建校足球队。对于我来说一切从零开始，要走很长的路。看着学生渴望的乐园——操场，400米的塑胶跑道和中间杂草丛生等待修理的足球场地，是我映入眼帘的场景。没有太多思考时间，10月份就是全市的中小学生足球赛，时间短，任务重。从选材开始到体能训练、足球基本技术和战术、团队协作、每个球员的职责，不断地讲和练。从片区第一名出线到市区小组赛，学生还是给了自己一份满意的答卷。小组赛上，超人一等的身体素质，让其他学校望而生畏，但是技术上的不足，是硬伤，毕竟对手是往年的第一名，输得不冤。赛后总结时，我说："你们是一个优秀团队，每个人都拥有拼搏的精神，你们也对得起你们的付出，只不过时间太短，技术上的练习欠缺太多，这不是一天两天就能一蹴而就的。而且，每年都有比赛，到了初中你们一样可以踢球。坚持是个好东西，未来只要你们坚持喜欢的东西，就会有惊喜的收获。加油，孩子们！"六年级下学期是一个毕业的季节，随之而来的是分别，其实内心很舍不得他们。记得其中一个各方面都很优秀的队员对我说："他想成为一个体育老师，像我一样！"他也深深地印在了我的脑海中。他毕业2年后，又找到我，说想考一中，但是他怕考文化课考不过，想考足球班。我很欣慰他知道自己的不足，也知道需要用什么弥补自己的不足，于是，他利用暑假开始了魔鬼般的训练，最终如愿以偿地考入一中足球班。

第一届队员的失败并没有给我太多的打击，反而让我迎难而上。球队的第二届球员很快招募完成，也预示着有更多时间提高队员的技术素养。两个灵活、脚法准确的前锋，一个视野开阔、奔跑积极的中锋，两个敢打敢拼的后锋、一个防守严密的后卫、一个灵敏矫健的守门员，两个替补，就这样一个完整的球队诞生了。这支队伍的孩子，在别的老师眼中也许调皮捣蛋或者沉默不语，而且学习成绩不让人省心，对于我来说，这些孩子需要闪光点，需要通过不同的方式去证明自己，给自己前进的勇气。因为，他们通过另一种方式去付出和收获。比赛前一天，我收到学习通知，要去青岛大学教育学院学习一个周。我放心不下他们，只是告诉他们："大胆去踢，你们都是最棒的！"带着牵挂，我离开了。上完课，看着手中的比赛时间表，手里的手机打还是不打，很纠结。没一会儿，同事就打过电话了，听到的是孩子们喜悦的声音。队长告诉我："他进了2个球，一个是死角，左边锋进了一个，3：0。"说实话，听见他们开心的声音，我也高兴，也默默祈祷着，他们能够顺利地捧起属于他们的奖杯。第二天，又收到他们胜利的消息，苦战，3：1，挺进前十名！到目前为止，他们可以捧起第十名的奖杯，属于他们的奖杯。晚上，我接到同事的电话，说队长的脚腕已经肿了，还有2个队员膝盖破了皮，我的心一下子绷紧了起来。最终担心的事情还是来了，高强度的比赛，让孩子们体力不支和动作变形，容易受伤，他们靠的是心中信念坚持到现在。第二天，我请了假，开车就直奔比赛场地，赶在了比赛前与他们见面。我告诉他们："你们能够战斗到现在，你们已经是我心中的英雄了，前进与否现在不重要，重要的是你们的身体，不管输赢，以后的路还长着，上去练练技术就好。"比赛打得不错，3：2，他们输了，但是我很高兴，场上他们都发挥出了各自的技术水平，只是体能和伤病阻碍了他们前进的道路，并且，他们也创造了学校在足球上零的突破，捧起了全市第十名的奖杯。

时间飞逝，比赛完以后，我开始从一年级和三年级接手班级。除了上课，其他时间被压缩得很紧。为了足球的普及，我从一年级开始，培养学生足球兴趣，从三年级开始通过训练和比赛去磨炼学生的意志，也从男队变成男队和女队，带两支队伍。在训练中，充分培养学生男女的竞争意识和团队协作，提高学生的规则意识和队伍纪律性，针对每个学生体质和技术特长分配训练任务。随着"五人制"足球比赛的来临，孩子们开始经历着学习上的压力和高强度训练的压力。片区小组赛出发的当天，一个男主力队员说妈妈不让他参加了，我只是点了点头，带着其他队员踏上校车。比赛上男队不出意料地被淘汰了。女队的队员们第一次出校门打比赛，感觉很拘谨和慌乱，队长顶住压力，临近比赛结束，用定位球敲开了对手大门，1∶0取得胜利。男队员却低着头不说话。我看着他们笑了一笑，告诉他们："一个队伍是一个整体，学会服从这个整体而不是个人，以后还会有比赛，你们也会成长，别泄气。"女队在第二场比赛上，也放开了手脚，拼抢积极了，信心大增，成功打平全市第二名，挺进市区小组赛。回到学校，女队员针对片区赛上的技术不足刻苦训练，在男队员的陪练下，技术长进飞快，以队长中场为核心的队伍配合堪称完美。周六清晨，女队员们踏上了校车，开始验证自己的努力。第一场比赛，对战往年的强队，队员没紧张，心态很平和。一开场，队员们抓住机会，定位球，先进一球，接着第二个进球，都是队长远射完成。小前锋也不甘示弱，再进一球，以3∶0粉碎对手的抵抗。赛后点评，队员知道了应该加强防守反击，锻炼前锋突破和射门能力。下午，迎接第二场比赛，一开场，队员们稍微拘谨了一些，场边我喊了一句："防守反击。"后卫开始积极拼抢传球，让中场和前锋活了起来，前锋连进2球，队长利用定位球也打进2球，最终，4∶1又战胜一个往年强队，挺进四分之一决赛。说说实话，我很高兴孩子们把训练的东西发挥出来了，而且，非常完美。是我的粗心，突然接到通知，队长的身份证年龄超了4个月，我的心一下子凉了。毕竟，孩子们付出了1年多的努力，才有今天的成就！与裁判长商量后，我们放弃了后面的比赛，保留第八名的成绩。在回家的路上，我安慰孩子们："你们的付出获得了收获，你们为学校争光了，你们最棒，比第二届的球队提高了2个名次，明年你们可以征战'八人制'足球比赛，续写辉煌。"经过比赛的经历，突然感觉他们长大了。每次训练前，队伍整齐，下达训练任务后，他们也是积极训练，这也许就是体育给予他们不同的成长。

至今有五年多了，因为离家远，每天五点半起床吃饭，六点半多一点从家去学校，近一个小时的车程，是我对坚持的理解，也是我对乡村孩子们的不舍。我希望他们未来的自己是勇敢、坚定、拼搏、爱国、智慧和责任兼具的人，能够找到适合自己职业的人，而我们能够给予的是各种各样的平台，让他们也能够像市区的孩子们一样去尝试，选择自己喜欢和坚持的东西。埋根于乡村教育，耕耘这里的孩子们，会成为我作为一名乡村教师的坚定信念，以体育人。是我不变的信念！

浅析青少年的叛逆心理

青岛平度市蓼兰镇蓼兰中学　王佩杰

中学生进入初中阶段后，随着年龄和知识的增长，开始有了自己的思想，有自己的人生观，价值观，会有各种与之身份和年龄的相应的心理，而这个阶段的学生最普遍，最常见的是叛逆心理。对于青少年时期的孩子，显著的特点是"变"。生理上在变，孩子开始发育了。心理上也在变，家长会发现不知从什么时候起，孩子不听话了，与小学时那个乖巧的、整日围在父母身边的孩子不一样了，甚至还可能与家长"对着干"，你要东，他偏要朝西；你要西，他偏要朝东，这种现象，心理学上称之为"逆反心理"。

具体而言，叛逆心理是指人们为了维护自尊，而对对方的要求采取相反的态度和言行的一种心理状态。叛逆心理是青少年成长过程中经常会出现的一种心理状态，是该年龄阶段青少年的一个突出的心理特点。因为青少年正处于心理的"过渡期"，其独立意识和自我意识日益增强，迫切希望摆脱成人的监护。他们反对成人把自己当"小孩"，而以成人自居。

一、青少年产生叛逆心理的原因

青少年产生叛逆心理的原因是多种多样的，其中父母不恰当的教育方法是导致学生叛逆心理的主要原因。

（一）传统思想影响着部分家长

中国长期的家长专制思想在一些家长中仍然存在，家长对子女的教育缺乏民主意识，总认为孩子还不成熟，要绝对服从自己，不能有自己的看法，否则就是"忤逆""对着干"。许多中学生认为自己做错事后，最反感家长的指责，而对他们反感的原因是因为家长们盛气凌人、态度生硬。青少年叛逆心理研究教育理论说明进入青少年时期后，他们随着接触范围的扩大，知识面的增加，内心世界丰富了，形成了自己的价值观。这种价值观有时与父母的价值观不同，遭到父母的反对，得不到父母的理解。于是就在同龄孩子中寻找共鸣，父母也就变得不那么亲近了。此时，如果父母不了解子女的这种心理、生理变化，一味简单、生硬地管教，就会迫使子女产生反抗情绪和行为。

（二）家长认识上的错误，造成教育方式不当

一些家长缺乏普通的心理学常识，对子女教育急于求成，方法简单粗暴，经常无视子女的自尊心和心理承受能力，特别是孩子们有了过失的，不是与孩子们一起分析错误，商量补救办法，而是责骂甚至殴打孩子，使孩子犯错误时感到孤立无援，产生叛逆心理。父母要管教，子女要独立。于是矛盾必然产生，反抗行为在所难免。反抗形式多种多样，有的不与父母交谈，有的与父母阳奉阴违，有的离家出走，甚至走上犯罪道路。

（三）父母与子女缺乏双向交流，产生思想矛盾

随着初中生的成长，独立意识渐强，要求有自己的处事方式，不希望受到过多的管束。而某些家长出于对子女的保护，什么事情都替孩子包办，这样子女的渴望独立与家长不恰当的好意关心，就会产生思想上的冲突、矛盾。进入青春期后，他们认为自己已不是小孩而是大人了，独立活动的愿望变得越来越强烈，他们一方面想摆脱父母，自作主张；另一方面又必须依赖家庭。这个时期的孩子，由于缺乏生活经验，不完全恰当地理解自尊，强烈要求别人把他们看作是成人。如果这时家长还把他们当小孩来看待，无微不至的"关怀"，啰唆的"叮咛"，他（或她）就会厌烦，就会觉得伤害了自尊心，就会产生反抗的心理，就会萌发对立的情绪。如果父母在同伴和异性面前管教他们，那么，他们的"逆反心理"会更强烈。

（四）学校老师的教育方式也是导致学生叛逆心理的原因之一

有老师也不了解初中生的心理特点，居高临下，指示学生必须怎么样，必须怎么做，根本不与学生交流思想，共同探讨，这容易激起学生叛逆心理。例如教师在对待学生处理具体问题时，一定要注意"一碗水端平"，无论是优等生还是差生都应尽量做到一视同仁，不分厚薄。如若对优生偏爱姑息、对差生粗暴严厉，会使学生心理失衡，表现为心灰意冷、破罐子破摔的消极对立情

绪，造成心理抵触，从而出现教育效果的"零效应"，甚至是"负效应"。因此教师在教育过程中，一定要坚持公平、公正的原则去处理问题，在深入实际调查了解、掌握真实情况的基础上，得出公正合理的结论，并注重班级群体舆论的正确引导，从而使教师处理的问题得到学生的广泛赞同和支持。

（五）另外，大众媒体一些不恰当的渲染也是导致叛逆心理的因素

比如一些影视作品，极力美化叛逆者的个人行为，夸大叛逆者的能力，鼓吹个人主义。许多初中生十分欣赏电视、卡通片中描写的"叛逆英雄"。叛逆心理对孩子人生观的形成和身心健康都是不利的。它会导致青少年出现对人对事多疑、偏执、冷漠、不合群等病态性格，使之精神萎靡、学习被动、意志衰退、信念动摇、理性泯灭等。叛逆心理的进一步发展，还可能向病态心理或犯罪心理转化。

二、消除青少年叛逆心理的主要方法

（1）充分认识叛逆心理是初中生处在青春期时期一个正常的心理特征，不要认为学生平时的一些叛逆行为有意跟自己过不去，甚至认为是思想品德问题。其实只要家长、老师全心全意，能平和地与学生交流对事物的看法，动之以情，晓之以理，初中生一时的叛逆心理是很快会消失的。

（2）平等民主的教育方式是消除叛逆心理的主要手段，这就要求老师、家长在教育孩子的时候要充分尊重他们，多以平等、友好的态度与子女谈心。决不能专制独裁。调查表明62.64%的初中生都希望家长、老师采用平等、民主的方式来教育。学生在犯错误时，希望老师和家长要给予理解，给予帮助引导他们认识错误的原因，指导吸取经验教训；要耐心教育他们，要给予他们足够的时间去悔过；不希望给他们太多的责备，他们毕竟还是学生。家长要看到孩子的成长，尊重孩子的自尊心，与他们建立一种亲密的平等的朋友关系，并允许孩子也能参与家庭的管理；要相信孩子有独立处理事情的能力，尽可能支持他们，在其碰到困难、失败时，应鼓励安慰，成功了要立即表扬；要有勇气向孩子请教，有勇气承认自己的过失。

（3）多与学生交流。一方面要好好聆听。成人与孩子的观点不同，成人眼中的小问题在孩子的眼中可能是大问题，不妨认真听完他们的话再发表自己的

意见。另一方面，要了解学生的感受。多同学生谈一些他们关心的问题，站在他们的角度上看问题，有意识地谈出自己的观点，帮助学生解决困惑。这样能真正达到与学生的心相连，心相通，叛逆心理自然而然地消失了。心理学认为人与人之间的信息交流与传承，需要在良好的心理认同的基础上进行。心理认同则容易入耳、入脑、入心，形成"共振"效应，反之，则会出现思维盲点，产生心理障碍，影响其效能。因此，要防止和消除学生的"逆反"心理，形成心理上的认同，在教育工作中，教师必须对学生倾注爱心，讲求民主作风，创设良好的教育环境，处处体贴关心学生，以赢得学生的热爱和拥护。尤其对那些常犯错误的学生，更应从感情上亲近他们，从兴趣上引导他们，从学习上帮助他们，从生活上关心他们，使他们真切感受到教师的可亲、可敬、可信，从而消除师生之间存在的隔阂和对抗心理，使学生乐意接受教师的教育劝导，逐渐改正自己的错误认识和不良行为。

（4）要引导学生充分到叛逆心理是一个心理的弱点，因为初中生容易情绪冲动，看问题还很不成熟，对事物缺乏全面客观的认识，所以不要什么时候都坚持认为自己是完全正确的或者情绪化对待问题，甚至总是与他人唱反调。引导他们要不断地丰富知识，提高对社会的洞察能力，提高分辨是非的能力，多采纳别人好的建议，要学会宽容，胸怀要宽广，目光要远大，不要钻牛角尖，走死胡同，学会冷静、客观地分析问题、解决问题。

（5）从叛逆心理的成因可以看出，家庭教育的缺陷很主要的一个方面，因此学校的教育工作也要结合家长的家庭教育，多与家长沟通和联系，互相了解学生在学校家庭中的表现，及时给予鼓励和表扬，每个学生都是很希望得到大人的肯定的，然后适当指出不足之处，提出希望加以引导，这样孩子便乐于接受教育并且能朝着学校家长所期望的方向健康成长。父母需要受到孩子的尊重，他们大都视子女的幸福为自己的生命，他们的忠告往往是自己生活经验的总结，有一定的参考价值。作为子女应经常向父母谈谈自己的思想和活动内容，当自己的选择与父母的愿望相违时，要通过商量来解决，要摆出事实，来证明自己的选择是正确的。

且行且知　且行且悟

青岛西海岸新区琅琊台小学　于淑云

　　宋代儒学大家朱熹关于读书有这样一番见地："读书，始读，未知有疑；其次，则渐渐有疑；中则节节是疑。过了这一番，疑渐渐释，以至融会贯通，都无所疑，方始是学。"把这段话用到一个教师的成长中，我想也是恰当的：教学，始教，未知有疑；其次，则渐渐有疑；中则节节是疑。疑渐渐释，以至融会贯通，都无所疑，方始是教。

　　毕业后，我回到了自己家所在的乡村小学，成为一名乡村教师，主教数学，一腔热血，回想起初为人师的前两年，我还不知道自己不会上好课。当时的我上课时满心满眼都是课本教参和题目，觉得学生把题做对了，取得好成绩就代表了一切。现在来看，当时的我一直在"自我感动"：我会整节课、整节课地讲，讲到嗓子冒烟，讲不出话；我会让学生做很多的练习题，让学生在题海遨游中逐步拿到分数；我会在学生不愿意听课时很生气，想尽方法让学生去听课。

　　这些"自我感动"式的"硬拼"行为确实取得了一定的效果，我所带的学生们成绩普遍都还不错，导致我有点自满，觉得自己已经掌握了教学的秘诀。家长们也很认可，觉得于老师教学真不错。

　　事情的转变发生在我休产假之后，休息时间的缺乏，让我感觉身心憔悴，拼时间，拼做题，这样的工作快乐吗？怎么能够做到家庭和工作兼得？怎样提高工作效率？自己孩子的成长也在影响着我对所教学生的态度，我变得更有耐心，我尝试把语速慢下来，和学生平视讲话，把课堂多一些留白，让学生多说多表达。我意识到，这就是学生为主体，避开满堂灌，自己去做一个"懒老师"，向课堂要效率，实现高效课堂。课后，我开始自己出题，适合自己班学生的题目，这样学生的作业量就会少一些，题目的质量上去了，自己批作业的效率也高了，工作在慢慢向着好的方向发展。后来，我陆续地参加了一些教研活动，看到名师们的课堂，学生的眼里都是有光的，回答问题是那么踊跃，我不禁开始怀疑，更加意识到自己的课是有问题的，课堂不是按部就班，不是按照名师的教案去照搬，不是只有教材教参和做题，眼睛里一定要有学生。

眼睛里有学生是什么意思？最初意识到这个问题的时候，我并没有理解得很深刻，名师公开课对我来说，是一颗遥远的星星，感觉它闪闪发光很美丽，却始终无法落地，也只是"听听激动，回来一动不动"。原因不仅仅是我的三分钟热度，更是自身能力还不足以支撑一节好课，更是因为灌输和题海照样可以让学生拿到高分，何苦要去改变自己的常态课呢？

但我也在一点一点地慢慢改变，网络让我有了更多学习的机会。我看了很多名师的视频，也在模仿名师的课堂上课，但是总感觉在照猫画虎，不得其法。学情，我们的学情不一样。备课，要备学情，我们的学生不是北京浙江上海的学生，我们就是普通的农村孩子啊，没有那么宽的知识面，课本信息窗的知识有时候和他们的生活不那么贴近，我的教学语言是不是太生硬了？我在重复地问，从情境图中你得到哪些数学信息？从数学信息中你能提出什么问题？我感觉又一次走进了迷宫之中，走不出来。直到在一次教研活动中，我遇到了吴正宪老师，她不仅有扎实深厚的教学基本功、大气自然的教学风格、精湛的教学技艺、爱生如子的教学情感，更有热情高雅的人格魅力，让我为之折服。

怎么能像吴正宪老师一样？教师要想教给学生一条河，自己就要成为一片海，那么老师的知识应该像海洋。数学学习，是不断纠正错误的过程。我买来了老师的书，翻看教学大纲，学习新课标，结合案例，让自己的知识充实起来。在学生回答的问题不是我想要的答案时候，我也尝试让学生去发散，在错误中成长，有时，我在二次备课中也去反思，这个地方怎样表达更好，怎么把问题提得更精准？这个地方预设还有哪几种可能？如果遇到这种情况应该怎么应对？

这样又过了几年，随着我参与的教研活动越来越多，也随着我的教龄渐长，我好像渐渐领会了一点什么叫"眼睛里有学生"。如今读了更多的书，懂得了这叫"学生立场"："学生的学比教师的教更重要。"

有了学生立场，数学课堂就不会是"灌输式"的。"灌输式"教学为何普遍存在于日常教学？难道老师不知道这样累吗？我想原因或许在于"灌输式"教学省心费力，"学生立场"式教学省力费心。"灌输式"教学，只需要把教师明白的讲出来，学生最好都少说话，直接把老师的思路记住，学生当下明不明白也没多大关系，反正学不透彻的还有题海战术来亡羊补牢，做着、做着就算不理解也记住了答案，考试得到了高分，教师教得省心，学生刻苦训练拿到高分，皆大欢喜。至于教师费点力，学生学业重，那不是应该的嘛……

而"学生立场式"教学，要时刻关注学生的学，要做学情前测，以学定教，课堂上不能只想着教案到哪里了，要动态跟进学生的反应时刻调整教学，还要发挥学生的主体地位，给学生充分的时间去讨论、质疑、动手操作、动脑思考……这样的教学，老师看上去省力了，可背后付出的心力却要远超"灌输式"教学。所以我想这应该是"灌输式"教学长期霸占常态课的主要原因之一。

那"学生立场式"教学能带给我们什么呢？首先是越教越轻松的老师，转变教学模式起初肯定是痛苦的且不适应的，但坚持下去，就会越教越轻松。因为我们的学生会越来越优秀。"教是为了不教"。当我们的学生长期浸染在好课中，他们的学习力会越来越好，老师自然也从"省力费心"渐渐过渡到"省力省心"。这样长期坚持下去，也不会出现一讲公开课就焦头烂额扒层皮的糟糕体验。

其次是越学越有后劲的学生。"学生立场"下的孩子，学习是有趣的、主动的、有思维增量的。他们早已在老师的充分放手与适时引导下掌握了数学思想方法，对数学有着很好的"感觉"，他们面对陌生的题目也不会茫然无措，因而完全不需要题海战术。这样有着数学核心素养的学生是真正有"数学力"的孩子，他们的数学会越学越轻松，越学越有后劲。

吴老师说："因势而导，以学定教，达到了我们的目标。"我想，我们心中要有学生，关注全体学生才是真正的以生为本。我们要顺势而教，关注学生。另外，我们要好好地研究教材，吃透教材，把握教材。

数学启蒙对一个国家和民族的作用不言而喻。作为一名小学老师，让孩子接受良好的数学教育，不去磨灭每一个渴望成长的数学种子是我们应有的教育理想。让我们且行且知、且行且悟，做一名"下得去、留得住、教得好、会发展"的党和人民满意的高素质专业化合格数学教师。

价值多元化背景下学校德育的困境及出路

山东省平度师范学校　张　敏

改革开放四十多年来，我国步入经济、社会和文化的全面转型期。多种文化价值取向并存，使整个社会的价值观呈现出多元化的态势，各种文化的融合与多元发展已是不可抗拒的潮流。作为教育工作者，我们无时无刻都能感受到学生的各种变化，个性浮躁，没有理想追求，功利性突出，这都给我们的德育工作提出了不小的挑战。

一、当前学校德育面临的困境及原因探析

当前我国学校德育面临的困难时有目共睹的。实际上学生的道德认知和道德行为能力之间存在着较大的差距，甚至有严重背离的倾向，人们不同程度地感受着德育带来的各种苦闷和无奈。德育实效低下，巨大的德育投入和微弱的德育效果之间形成了强烈的反差，致使德育教育陷入令人焦虑的困境中。当然造成学校德育困境的原因固然非常复杂，但主要有以下三方面的原因。

（1）社会价值观多元混乱给青少年思想品德的形成造成了一些消极影响。社会结构的转型使人们的价值观念发生了前所未有的变化，出现了所谓的"信仰危机"。在价值观念的变化过程中，整个社会缺少明确的、适合时代特点的价值导向，主要表现在国人道德感和社会公德心的缺乏，人际关系冷漠，人的存在"意义感"的缺失，沦为金钱、物质、欲望的奴隶等。这种精神家园的失去也严重地影响着当代的青少年群体。目前有相当数量学生的政治思想道德观念是非界限不清，有的甚至颠倒黑白，价值观、人生观发生逆转。这些对学校德育的开展无疑产生了不可忽视的负面影响。现实的社会生活和学校教育出现了"两层皮"的现象，这使青少年产生逆反心理，认为学校教育是假的、空

的，或高不可攀，或远水解不了近渴，使学校的德育工作无法落到实处。

（2）学校教育改革滞后，不能与时俱进，影响了德育的实效和感染力。学校教育在人的身心发展中起主导作用，对青少年思想品德的形成也是如此。近年来，学校德育工作虽然取得了一些成绩，但也存在着严重的缺陷和不足。以往的道德教育，只重视抽象的说教，停留在知识性的课堂传授上，过多注重表面形式，教条主义、形式主义严重。德育目标一直存在着理想化和政治化的倾向。德育目标要求过高，超越了社会发展阶段和青少年的身心发展水平，有时德育目标伴随着政治风潮的变化而变化。这样的目标必然使人感到无法捕捉而不能实现，有时甚至带来一些不良后果。至于学生在知、情、意、行各方面是否发生了变化则无人问津。

（3）家庭教育的失衡，弱化了学校德育教育的实效。从家庭教育的小环境看，一些失误也为青少年思想品德的培养增加了难度。家庭教育发生倾斜。家长们过分地注重孩子们的身体而忽视了他们整个心灵的塑造，重视智力开发而忽视非智力因素培养。有的父母出于种种原因，对孩子撒手不管，推给老人、保姆等等，这对孩子们品德的培养是极其不利的。

二、学校德育走出困境的出路

由于德育的长期性和复杂性，对青少年思想品德的培养必须实行"综合治理"。

（1）积极建构当代中国社会的主导价值观，确定较为科学、合理、有力的价值导向体系，全方位优化社会环境，为培养青少年良好的思想品德创造条件。社会环境是制约、影响德育教育的大环境，社会环境的好坏直接影响着人们的思想道德素质。离开了社会环境的依托和支持，青少年思想品德的形成就成了无源之水、无本之木。如果道德负收益现象在整个社会大环境中不能得到较好的根治，要想搞好学校德育，难度可想而知。学校一方面进行高水准的道德教育，而社会上不良的道德意识、道德行为及其影响却不断蔓延，还谈什么道德的实效性。学校道德教育如果无视这种现象的存在，无异于"掩耳盗铃"。整个社会要有育人意识，要通过各种行之有效的途径，引导社会的价值导向，使社会主义、集体主义、爱国主义成为社会文化生活的主旋律，为青少年树立正确的人生观、价值观铺路搭桥。国家有关部门要采取坚决的措施净化文化市场，为青少年的成长创造良好的社会环境。

（2）学校德育要弘扬社会主导价值观，要坚定正确的价值导向，明确学生应树立的价值信念的具体内容，为学生思想道德品质的养成提供保障。社会的全面转型，从各方面诱发着人们思想观念的解放和新价值体系的生成。为此，迫切地需要学校和教育工作者对学生的价值信念加以引导和培育。因此，学校必须首先明确教育目的，旗帜鲜明地表明学校德育教育的价值取向。积极弘扬社会主导价值观，使学生形成中华民族复兴的伟大理想、价值信念和道德规范。通过切实有效的教育，使学生铸造成为思想先进、品德高尚、忧国忧民、乐于奉献、勤于学习、艰苦奋斗、开拓进取的新人，使之成为新世纪中国一支弘扬时代精神的中坚力量与典范，为中华文明以及世界文明做出自己应有的贡献。

（3）转变观念，面向未来，在更加开放的社会环境中探求与时俱进的学校德育教育新模式。面对社会的剧变，学校的德育教育必须摒弃落后于时代的陈腐观念，立足长远、面向未来，着眼于学生思想变化的特点，开拓创新，发扬求真务实的长期行为，在解决实际问题和取得实效上狠下功夫，积极探求到一条适应时代发展要求的学生德育教育的新模式。德育内容要切实和青少年的身心发展水平相吻合，能够解决他们成长中所遇到的现实问题；研究新情况、新问题，不断调整我们的教育策略，开展以互联网作为德育教育载体的研究与实践，拓宽教育途径。认真抓好校园文化，特别是校园网络文化的建设，充分发挥网络媒体的作用，把互联网的负面影响降低到最低限度，营造育人环境、充实学生精神世界，从而形成校园文化的合力，引导学生以健康的心态面对各种社会思潮，明辨是非，保持应有的独立人格，使学生在社会中感受、在体验中认知，从而形成我们所期待的思想道德品质，切实提高德育教育的实效，提高学生的价值品味。

板块四

自我革新，提升课堂实效

　　随着"双减"政策的颁布与实施，一场传统教育的改革大戏已拉开帷幕，有效教学成为大家关注的话题。课堂是教育教学的主阵地，如何抓住有限的时间打造一堂高效课堂，促进学生的发展成为教师亟待研究的重要课题。教师不断地将多元化教学方法融入课堂，教学方法推陈出新，标新立异，教学模式也呈现出多元化发展趋势。

农村初中构建道德与法治有效课堂初探

平度市大泽山镇大泽山中学　孙泽林

有效性教学是20世纪以来极具代表性的一种教学理论，甚至可以称为一种教学思想。所谓"有效"，主要是指通过教师在一段时间的教学之后，学生所获得的具体进步或发展。正如课改专家华东师大崔允漷博士所说："教学有没有效率并不是指教师有没有教完内容或教得认真不认真，而是指学生有没有学到什么或学生学得好不好。如果学生不想学或者学习没有收获，即使教师教得很辛苦也是无效教学。同样，如果学生学得很辛苦，但没有得到应有的发展，也是无效或低效教学。"

一、导致道德与法治课堂教学低效因素

（一）教师的素质和观念的主要因素

首先，农村道德与法治教师整体队伍专业性不强。很多学校的道德与法治课是由非专业教师或学校领导来兼任的，教师本身缺少基本的专业素养，对学科前沿知识以及国内国际形势更是研究得不够，以至于知之甚少，课堂教学只能照本宣科。为了应付考试，采取"教师画教材、学生背教材""题海战术"等办法，再加上不少教师新课改理念滞后、不能有效带领和引导学生运用网络、传媒等手段，提高他们搜集信息、处理信息、运用信息的能力等等，这些都制约着道德与法治课堂教学的有效性。

其次是教师新课改理念不强，对新编道德与法治教材的立意、内容结构、主要观点、评价建议等问题把握不深、领会不透。课堂教学没有真正转移到新课程标准实施要求上来，表现在课堂教学设计不合理、语言不精炼、提问不明确，学生无序思维、无效思维，缺乏真正的情感体验和道德实践，导致课堂教

学低效。

（二）学生的素质和学习态度的制约

农村初中的大量优秀学生资源纷纷涌向城区，剩余学生的接受能力、知识面、活动能力相对于城区学生较为薄弱，这部分学生基础差、自主学习觉悟不够、家庭教育没有适时跟进等诸多因素，使课堂教学的有效性受到很大限制。

二、构建道德与法治有效课堂的主要途径

1. 做"效能型"教师是实现道德与法治有效课堂的根本

把握有效教学的关键行为。做到清晰流畅的表达，教学手段多样化，以任务为导向，维持学生对学习过程的投入，保证学生的成功度。

把握有效教学的辅助行为。做到利用学生的观念和参与，精心组织，恰当提问，展开探询，传递自身的影响。

2. 明确的教学目标是实现有效课堂的基础

教学目标是课堂教学的核心和灵魂，是课堂教学的根本出发点和归宿点，是有效教学的重要抓手。要实现有效的课堂教学，教学目标的设计就要有针对性、可行性和实效性。首先，要根据农村学生的年龄特点和实际认知，联系新农村发展和学生的生活实际，依据新课程标准和教材，有效整合每堂课的三维目标；其次，是要有一定的层次。即根据农村学生认知结构、学习水平、动机意志等方面的差异，制定不同层次的教学目标。

3. 精心的教学过程设计是实现有效课堂的关键

（1）教学活动设计要有效。提倡自主合作探究的教学活动，在具体实践中，教学活动的设计不应该只是停留在让学生动起来，还应该是让学生能够去思考，愿意去思考，真正去感悟人生，品味生活。

（2）教学问题设计要巧妙。问题设计是教师备课过程中最具创造性的部分，苏霍姆林斯基认为："学生对眼前能看到的东西是不感兴趣的，对藏在后面的奥妙却很感兴趣。"因此，教学中教师必须善于根据农村学生的知识水平、心理特点和思想上的焦点，从学生的生活经验出发，紧密联系乡镇、学校的实际，设计一些较为典型且具有普遍意义的问题，聚焦主题、直面矛盾困惑，进行思想交锋和碰撞，最终形成正确的价值判断和选择。在讨论过程中，教师还

要善于捕捉学生创造的火花，适时鼓励，及时引导，以最大限度调动学生学习的热情，从而保证课堂教学的有效性。

（3）教学情境设计要精到。对于教学情境的设计首先忌过多、过频，以避免学生在各种情境中疲于奔命，少了足够的情感体验与思考空间；其次，一个教学内容最好是在一个完整的教学情境下进行，如果确实需要采用多个情境的话，也应注意情境之间的递进性和连贯性；值得注意的是情境的设置要以激发学生的道德情感为核心，同时情境的设置还要生活化，使学生有话想说，有话能说。

4. 和谐的课堂氛围是实现有效课堂的保障

营造良好的课堂氛围要求教师转变课堂教学行为，努力创设一种民主的课堂氛围，鼓励学生提意见，欢迎发表与教材的不同见解，允许学生对老师的论点提出疑问，允许学生保留自己的观点，甚至可以放心把课堂交给学生。事实证明，课堂氛围越民主，越能调动学生的积极性，课堂教学的有效性就越强。

5. 良好的师生关系是实现有效课堂的催化剂

爱心是和谐师生关系的基础。城乡发展的不平衡、部分特殊学生家庭教育的缺失等原因，使许多农村孩子存在自卑、怯懦、迷茫，甚至破罐子破摔等不良心理，这就需要道德与法治老师对他们多一点尊重、信任和鼓励，多一份欣赏期待和赞许，让学生在尊重和信任中愉快学习，在欣赏和期待中收获成功和喜悦。

当然，构建有效课堂还需加强课后的有效辅导、整合各类教育资源、家校社形成合力等，这些都需要我们在实践中加以探讨和解决。

创意劳动，创新写作

遇见美好《让生活更美好》作文教学案例

平度市南京路小学　徐迎春

案例主题与背景

劳动是生命的底色，追求梦想是劳动的不竭动力。每个少年都是逐梦人，而实干才能梦想成真。小学生也有大智慧，创新劳动教育，让孩子们亲自参与劳动，动手实践，大胆创意、脑力震荡，发挥其细致敏锐的观察力和创造想象力，有助于培养他们技能方面的独创精神。

语文教学融合劳动教育是一种趋势，更是一种责任。作文教学则是劳动教育在语文学科中渗透的重要载体。清代文学家赵翼曾说："意未经人说过，则亲，书未经人用过，则新。诗家之能新，正以此耳。"作文教学的创新亦是如此。基于以上两种思想火花的碰撞，在《＿＿＿＿＿＿让生活更美好》的作文教学中，我对传统的作文教学模式进行了创新，遵循"劳心劳力，亦知亦行"的理念，设计了"劳动—写作—体悟"三步走的创新教学模式。

案例描述

片段一：交流美好，体验实践，让教材活起来、素材灵动起来。

教师引导：同学们，今天我们一起分享一个话题"什么让生活更美好"。课前准备时，我们已经思考了生活中那些美好的事物，谁来分享一下？说说你为什么觉得美好？

学生1：我觉得制作美食非常美好，不但可以吃到美食，满足自己小馋猫的口福，还可以享受到劳动的快乐，享受到"自己动手，丰衣足食"的快乐。

137

学生2：我觉得读书是一件美好的事，因为我读书时内心会感到非常充实，会忘记所有不开心的事。

学生3：我觉得创意让生活更美好，我特别享受把奇特构思变成现实的成功感觉。

教师小结：

听了同学们的交流，老师都忍不住想参与一把了。不知道大家有没有发现，大家所说的这些美好的瞬间大部分都与劳动有关。的确，是劳动创造了我们的美好生活呀！老师也对这个话题很感兴趣。看，我还搜集了一些精彩的劳动片段呢。（播放相关电影或视频片段）

你看了有什么感受呢？

学生1：老师，我发现他的方法与众不同，以后我也想试试。

学生2：他这嫁接花枝的办法我也会，那次还是我和奶奶一起想出来的呢，我俩高兴了好久呢！

学生3：看到修河堤那么辛苦，都累晕了，我恨不得上去帮助他。幸亏现在发明了挖掘机。

学生4：老师，以后我要发明一种擦高空玻璃的机器，让这些蜘蛛人的生命不再受到威胁。

教师小结：看来，老师的抛砖引玉效果不错呀。创意来自实践。"心动不如马上行动"，对"劳动创意让生活更美好"这个话题感兴趣的同学，利用周末开始行动吧，布艺创作、巧钉纽扣、花样补衣、巧干家务……创意看你了！

［设计意图："让生活更美好"是一个开放性的话题。话题的选择和确定，需要学生基于自己的生活经历和体验，从"最想分享"的角度展开捕捉。这个小片段聚焦"劳动创意"这个小话题，展开分享，借助教材习作提示的导向，启发学生将美好事物不断具象化，推动习作的情绪表达。针对"劳动"这一话题帮助学生运用自己的智慧进行创造性劳动，学会克服自身惰性，脚踏实地，通过实践体验不断克服困难，完善自我。］

片段二：支架引入，方法点拨，创新写作思路。

教师引导：通过上节课的学习，我们明白了如何写好自己内心美好的感受，并且大家都尝试写下了自己的"美好片段"。这节课，就让我们一起继续把这份"美好"写具体、写生动吧。我们一起来看看这几位同学的习作。（出示学生例文）思考：如何把重点部分写详细、写具体？

（依据学情需要引入素材支架。）

当我推开病房的门，不禁怔住了：妈妈睡在病床上，嘴角挂着恬静的微笑；爸爸坐在床前的椅子上，一只手紧握着妈妈的手，头伏在床沿边睡着了。初升的阳光从窗外悄悄地探了进来，轻轻柔柔地笼罩着他们。一切都是那么静谧美好，一切都浸润在生命的芬芳与光泽里。

病房里，那簇茉莉显得更加洁白、纯净。它送来的缕缕幽香，袅袅地钻到我们的心中。

哦，爱如茉莉，爱如茉莉。

选自《爱如茉莉》

细读一下，看看作者在写法上有什么让你觉得耳目一新的地方？

学生1：作者想表达爱的美好，却通过写初升的温暖的阳光让人感觉美好这一角度来表达。运用了借景抒情的方法，很巧妙。

教师引导：看来，通过环境描写也能从侧面反映一个人的心情。要把美好的感受表达得更为具体，我们就可以借助一些美景来抒发内心的感受。

学生2："探""轻轻柔柔""笼罩"这几个词语写出了初升时候阳光的特点，让我觉得阳光就像人一样，特别贴心，的确让人感觉特别温馨、美好。

教师引导：看来，运用拟人、比喻等修辞手法，可以将这份美好的感受放大，而且更加直观可感。其实，拟人这种方法的作用简直太大了。记得有一次，一位同学巧妙地运用拟人手法，站在篮球的角度，写自己经过哪些不同特征的手脚，如何被抢、进篮……构思出一场惊心动魄的篮球比赛盛况呢。老师也非常希望见识一下同学们创意使用修辞方法，进行与众不同的创意写作。

［设计意图："一树梅花万首诗"，每一首诗都有自己独特的表达方式。在写作时，我们不但要引导学生捕捉事件中的镜头，还要引导他们有积极的思想、新颖的角度、奇特的构思，要赋予时代气息，要敢于标新立异，才会与众不同。］

片段三：运用创新思维体悟，让立意精彩纷呈。

教师引导：同学们，"横看成岭侧成峰，远近高低各不同。"看山如此，写作文也同样。同样的一件事情，从不同角度的立意，自会有不一样的精彩。

（出示课件《滥竽充数》）这是我们熟知的成语故事，现在请大家再次仔细阅读，运用创新思维，开动小脑瓜，从这个小故事中你会提炼出哪些有价值的观点？温馨小提示：可以从南郭先生、齐湣王、其他乐师等不同角度考虑。

学生1：我觉得做人要实事求是，要有真才实学。弄虚作假的人虽能蒙混一时，但禁不住时间的考验，终究会露出马脚。

学生2：从南郭先生最后偷偷溜走，我觉得"人贵有自知之明"。

学生3：我从齐湣王喜听独奏可以提炼出"领导要有改革创新精神"的观点。

学生4：我从乐师们对此事视而不见，可以提炼出"大家要敢于与不正之风作斗争"的观点。

教师小结：好！从同学们的发言中，老师高兴地看到大家那些创新思维的小火花了。想想看，这次的习作，你想抒发哪些自己独特的感悟呢？

学生5：我想告诉自己"一分耕耘一分收获"。

学生6：我想提炼"生活是需要劳动来进行创造的，自己的人生也是需要劳动来进行创造的"的观点。

学生7：我想和大家分享"无奋斗不青春"。

学生8：我想抒发"劳动是平等的，我们要尊重每一位劳动者"的感受。

教师小结：同学们积极动脑、动手、动口，运用创新思维，从不同的角度立意，充分展示了自己的创造精神和个性风采，我真为大家感到骄傲！

［设计意图：在作文教学中要注重思维训练，促使学生跳出定式思维的圈子，达到张扬个性意识和培养作文创新能力的目的。这样的思维训练极大地调动了学生写作的热情，使学生能够，也可以自觉主动地去探究去创造，从而培养学生的创新能力。］

案例反思

俗话说：巧妇难为无米之炊。没有写作材料，是无论如何写不出好的文章来的，作文教学，必须注重材料的积累。在这节作文课中，我尝试引导学生从生活中的劳动创新体验来感悟生活的美好。"劳动—写作—体悟"，一步一步阶梯式的设计，是紧紧围绕本单元的语文要素和本次习作教学的核心能力为目标的，前后联结又相互照应。另外，写生活体验，试着表达自己的看法，是本次习作的重点，也是难点。对于六年级学生来说，已经基本具备完整流畅叙事的能力，但写作时如何融入感受，他们的体验是模糊和碎片化的。于是，为缓冲习作难度，我引导学生借助例文搭建习作支架，同本次习作连结，唤醒学生所学，捕捉习作表达的方法，让"环境描写"和"创意运用拟人手法"两个表达支架起到了真正的脚手架作用。同时，设置创新思维训练点，引导学生沿着不同的方向、不同的角度思考问题，这些都取得了不错的效果。

创意劳动，创新思维，创新写作，相信定会让孩子遇见更美好的自己，遇见更美好的未来，绽放生命的全新色彩。

农村小学英语有效教学策略

——好习惯之课前三分钟

平度市仁兆小学　隋　欣

一、背景

近几年来，随着新课程标准的颁布和实施，有效教学成了大家关注的话题。所谓有效教学，指的是在有限的时间内，通过一定的教学方式和手段，提高学生学习英语的兴趣，提高学生主动参与学习活动的意识，在和谐融洽的教学氛围中，学生的能力得到发展。

农村小学的学生从小受成长环境与家庭教育的影响，缺乏自信，羞于表达。为了能激发学生学习英语的兴趣，培养他们学习的积极态度，针对我们学校学生的学习现状，提出了农村小学英语教学策略——好习惯之课前三分钟。课前三分钟是指正式进入教学内容之前的时间段，此时大部分学生还处于兴奋阶段，难以快速融入课堂学习。

二、实施过程

在实施课前三分钟活动时，根据不同的年级的学习内容，组织形式多样的活动，调动学生的学习积极性。不管怎样实施，首先，活动内容要丰富。其次，能有效提升学生的综合能力和自信心。另外，在展示的过程，老师和同学的认可，会让学生更加自信。课前三分钟活动内容形式多样，以下是有效教学策略——好习惯之课前三分钟的实施过程。

三年级：三年级的学生刚接触英语，是小学生学习英语的基础阶段，学生的求知欲和表现欲都很强，这一阶段的重要任务在于，激发并保持学生学习英语的兴趣，鼓励学生大胆说、积极做。因此，设计课前三分钟任务时，一定要根据学生的实际情况，采用灵活多样的教学方法，来吸引学生的注意力。比如，三年级学生刚接触字母，学生可能把字母和拼音弄混，所以在设计课前三分钟任务时，让学生书写字母，但不是单纯地呈现字母让学生去写，可以呈现不同颜色和形状的字母图片，让学生通过观察图片，进行字母的书写。对于看起来机械的字母，学生学习起来不是那么枯燥，而且，书写的规范性也有了很大的提高。

四年级：四年级的学生，英语学习有了一定的基础，但是四年级的内容相对三年级来说，不管是单词的拼写还是句子的构造，都上了一个新的台阶。针对我校四年级，在进行课前三分钟活动时，大多时候，我会让学生进行一个简短的free talk.根据不同的学习内容，设计相应的活动。在简短的三分钟里，通过给学生提供说的舞台，让学生自信满满，提高了他们的口语水平。有时候的课前三分钟，我会把四会单词、语音单词，或者要求书写的个别单词呈现出来，规定学生在时间内按要求完成，时间到，进行书写的规范性和正确率的评比，以此激发同学们做到短时高效。学生通过对单词的书写，不仅对已学单词进行了巩固，而且对本节课的学习，有承上启下的作用。通过一段时间的学习，学生的单词记忆和口语表达，都达到了很好的效果。

五年级：在制定五年级课前三分钟学习任务时，大部分时候会进行单词的听写，除了平常的单元内容听写，还会把单词以小作文的形式，进行分类听写。比如让学生写出周末进行的活动、个人的特长、喜欢的食物及原因，这种开放性的活动，学生们都比较喜欢。除了平常的单词、句子的复习，每周再专门拿出一个课前三分钟，来加大学生的词汇量，通过呈现与学习内容相关的反义词、近义词，或者补充音节相似的单词，加强学生的记忆效果。通过不同形式的呈现，学生的学习兴趣很高。在调动学生的积极性、主动性的同时，让学生想办法记住单词句子也非常关键，因此在记忆策略上又对学生加以指导充分利用班级后边的黑板，把重点难点写在上边。所以，在这种形式的补充下，对提高英语课堂教学，也起到了很好的促进作用。

六年级：为提高六年级孩子们的词汇量和学习水平，课前三分钟大部分时候会进行sharp eyes、磨耳朵活动、看图说单词活动等。通过不同形式的基础性练习，提高学生对学习内容的记忆水平。在进行自主朗读活动时，分为三种形式，带读、齐读、自由读，每种形式都有统一的要求，因为班级学生掌握情况不同，每周有一两次的课前三分钟活动，针对不同学生，规定的任务是不同的。对于优等生，可能是写一篇作文、做一篇开放性的阅读。对于中等生，会让他们做一些练习题，来加强基础知识的练习与运用。对于后进生，要求他们写单词或者句子，或者鼓励学生开口说英语，给他们说的机会，尝试成功的喜悦。同时我也会采用多种手段，帮助学生记忆和学习，给学生创造机会，让学生从开口说到想开口说。

三、实施效果

课前三分钟活动的开展，在我们教学中起着不可估量的作用。课前三分钟教学活动幽默、富有趣味的特点，增强了学生的积极性。在我所教的班级中，无论课前所做的词语接龙、做游戏还是介绍，学生参与的积极性都很高，并能在课余时间自觉地查找资料，互相讨论思考，这增加了学生的知识储备，也有效提升了学生的自学能力。一次成功的回答、一次成功的讲述，在带给别人享受的同时，也为自己带来了强烈的自尊与自信。每一个孩子都是不同的世界，我们要做到每一个孩子都不能落下。

四、效果反思

在实施课前三分钟的这个活动过程中，收获了不少，也反思了不少。

1.认真备课

备好课是上好课的前提，备课包括备教材、备学生、备教法。备教材：提前翻阅各种材料、教师用书、学习资料及以往的相应试题，对于哪些是重点难点，哪些知识点扩展到什么程度，做到心中有数。备学生就是要了解学生的年龄特点、接受能力、知识储备情况，这样可以避免起点太高，学生听不懂，或起点太低，学生感到无聊的情况。备教法：每个年级学生的特点各不相同，所以我非常注重仔细研究学生，采取适合学生的方法导入新课，用学生易于掌握的方法讲解新知识，用学生感兴趣的方法组织课堂活动。

2. 关注细节

老子说，天下大事，必作于细。教育学生并不是需要我们轰轰烈烈，而是从孩子的常规细节开始，哪怕一句简单的话。老师的一句友情的提示，能让一个学生有很大的改变。相信，只要我们播下爱的种子，一定能收获爱的果实。

3. 多样化的教学手段

大部分学生认为英语是一门枯燥的语言，这要求我们教师仔细研究教学方法，深钻教材，活跃课堂气氛，提高课堂质量。单一的教学方法是乏味的。即使一个好的方法，经常用，也就失去了它的魅力，为了激发学生的学习兴趣，保持学生的兴趣，要求我们不断地探索，不断地追求。多样化的手段可以帮助我们激发学生学习英语的兴趣，是实现有效教学的基础。托尔斯泰说过："成功的教学所需要的不是强制，而是激发学生的兴趣，考虑到学生的心理、生理及年龄特点。"在教学中培养学生对英语的兴趣，激励学生不断处于较好的学习状态之中，使他们乐学、善学、会学。

4. 精讲多练，提高英语课堂效率

新课程理念要求我们重视学生在课堂上的主体地位，在营造宽松和谐的课堂教学氛围基础上，少讲多练。少讲并不意味着粗略讲解，一带而过。对于重难点的知识，根据学生的特点，进行细致的讲解，多举例多操练，讲练结合，让大多数学生都能跟上，并参与活动。练习的过程一定要面向全体学生，才会取得良好的英语教学效果。

长风破浪会有时，直挂云帆济沧海。让我们在实现农村小学英语有效教学的这条路上，砥砺前行。

浅析构建高效初中美术课堂的策略

平度经济开发区香店中学　刘继斌

教育的目的不在于传授知识而在于唤醒。当前，在追求高升学率的背景下，初中美术课程多采用灌输式教学方式，学生的兴趣和自主性被严重忽视。在此背景下，构建高效的美术课堂势在必行。高效美术课堂是指在有限的时间内发挥最优的效果，即向课堂要效果，要效率。

一、构建高效的初中美术课堂的意义

（一）激发学习兴趣，调动课堂氛围

孔子曰：知之者不如好之者，好之者不如乐之者。高效的美术课堂目的是：调动学生的学习乐趣，使学生在学习中积极主动，将情感融入课堂，从心理上热爱学习。对于学生而言，美术作为一门艺术性学科，不仅可以用艺术的形式缓解初中阶段文化知识学习的压力，而且还可以提高学生自身的文化素养。在传统美术教学中，因过分强调升学率，多采取灌输式教学方式。学生作为独立的个体，学习乐趣和自主性被磨灭，学生只是被动接受，致使学生在欣赏·评述课上被动地听，缺少自身的见解，阻碍了学习者自身素养的提高。因学生课堂缺少自主性，教师灌输式教学，使学生缺少与老师的共鸣，缺少与教师所讲内容的共鸣，致使课堂枯燥无味，味同嚼蜡。

（二）构建高效课堂，完善教学目的

初中美术教学目的是引导学习者在艺术作品中感受美、体验美、创作美，通过独特的方式传递自己的思想和情感，因此，美术课程要依据课程标准积极构建高效课堂，在有限的时间内，发挥最优的效果。① 合理利用美术课时间，在课堂教学过程中，规划课堂安排；② 依据课堂教学目标，结合学生的发展，分层安排教学任务量；③ 学习者关于知识的掌握情况受教师教学效果的影响。教师在教学中可通过多元化教学方式，调动学生的学习兴趣或提高学生的自主性，培养学生的创作力和想象力，使学生积极主动地参与到课堂中来，最后达到教学目的。

二、现阶段初中美术课程存在的问题

（一）教师整体素质不高

教师是人类灵魂的工程师，是教学的组织者、领导者，对青少年一代的发展起关键作用。当前，由于教师的老龄化、学科教师不均衡等原因，很多美术教师被迫担任其他科目的教学任务。这就阻碍了普通中学美术教师专业发展，造成新老美术教师交流受阻，使老教师无法更新美术观念，使新教师无法将所学得以所用，造成新老教师素质得不到提高。

（二）教学方法单一，教学资源缺乏

由于学校对美术课程的重视程度不高和美术教师的整体素质的良莠不齐，美术教师的教学方式缺乏创新，一直停留在传统教学方式上，只是单纯对美术知识和技能进行讲解。从学生的需要层次来讲，属于较低层次的需求。学生的需求得不到满足，课堂教学缺乏趣味性，课堂死气沉沉，美术课程流于形式。学校对美术的重视程度不高，学校的美术资源不足、美术教学设备简陋，教师无法合理利用各类资源营造良好的课堂氛围。

三、构建高效美术课堂的策略

（一）创建教学情境，打造高效的兴趣课堂

初中美术教学，受升学率和其他因素的影响，学生对美术课程的重视程度不够，觉得美术是艺术学生应该主要学习的内容，使学生对美术缺少心理认同感。兴趣作为学生学习的内在动力。兴趣高者能推动着自己对美术的重新认知，发现美术学科的独特魅力。在美术课堂中利用情境教学，对培养学习者的自主学习能力、学习乐趣和营造积极的课堂氛围具有重要的意义。有效的课堂氛围，教师要明确教学的现实情况，明确教学目标，明确学习者的特点和需要。从学生发展的特点和个性、兴趣出发，结合教学内容为学生创设有效的教

学情境，给予学习者充足时间和空间。

以问题为导向，将学习者引入教学中，引导其进行知识的建构。设置问题情境可在教学前、教学中、教学后。例如在讲授《创意的字》一课中，可以通过提问题创设问题情境。"我们可以通过哪种方法对你最熟悉的字或词进行有意义的文字设计？"在问题情境中，学习者将问题与已有的知识相互融合再创造，自主性得到充分的展现。同时教师在讲授前，要搜集、整理与本节课有关的生活常识，拉近课本知识与学习者之间的距离，调动学习者的学习兴趣。例如《手工书设计》一课中，随着社会的发展，人们认知水平的不断提高，设计的形式多种多样，只讲授课本内容是远远不够的。教师要根据本节课教学目标，搜集与本节课有关的生活常识。课前安排学生通过各种途径整理和分析，使学生了解手工书设计的基本样式，增加学生学习的兴趣。在课堂上可创设交流情景，培养学生自我展示的能力。在《造型表现力》一课中，学生之间通过交流合作的方式，了解造型表现的三个基本要素线条、空间、体量及在作品中的应用，增强学生的合作意识和探究的兴趣。在展示课堂成果中，学生对自己的意见或作品进行评估，发现自身的优势和不足，评析其他同学的成果，学其长，补其短，增强学生自身的思维能力、创作水平和欣赏评价的能力。

（二）全面提高教师能力和素养，打造丰富多彩的高效课堂

教书育人是教师的职责，教师不仅要具备精湛的教学能力，而且要拥有高超的育人水平。教师在教学中的教学能力和教学素养是构建高效美术课堂的基础。

第一、教师能力要精湛。作为一名初中美术教师，教书是首要责任，上课是第一责任，教学能力是第一能力。教师要开发和利用各种地方教学资源、网络资源、学校资源，参加本学科教研活动，为能力提升打下坚实的基础。听优秀教师的经验交流和总结；看优秀教师课例、教案；写出自己的感悟并尝试应用到自己的教学中。"教无定法，贵在得法。"

作为一名教师，不仅要专业素质精湛，而且教学能力要高超。在备课上，要结合现阶段初中学习者的身心发展特点，选择适合的教学方式，做到有的放矢。现阶段，初中学习者接近于"10后"，他们大多数在成长的过程中充满了包容和关爱，很少感受过挫败感，不仅具有较强的个性，而且自我为中心感较强。教师在教育教学中，要了解学生的身心发展特点，结合美术教学目标，在

课堂上调动学习者的自主性，发挥学习者的创作力和想象力。

第二、育人水平要高超。初中生进入一个新的阶段——青春期，心理变化大，价值观还未定型，最需要尽心的指导和教育。作为一名美术教师，不光是要给学生讲授美术文化知识，还要推进习近平新时代中国特色社会主义思想进课本、进讲堂、进头脑，指导学习者树立正确的人生观和价值观。

（三）创新评价方式，打造全体参与的高效课堂

教学评价作为教学过程的重要环节，关于学生的学习乐趣和学习的主动性的调动，打造高效的美术课堂就有重要的作用。传统美术教学受升学率的影响，忽视了学生情感态度、价值观的培养，使评价失去应有的价值。

在教学中，要充分认识到评价的重要性，用多元化评价的方式，增强学习者学习美术的知识和进行美术创作的积极性。① 善于激励，增强学生的成就感。激励对象可分为学业优秀或学习态度优秀者，激励的人可以为教师或者其他学生个人、小组进行，以此激发学生的积极性和主动性，让学生参与到课堂中来，提高教学质量和教学效率。② 善用发展性评价，促进学生的不断进步。初中阶段是学生身心发展的重要阶段，学生在课堂表现不佳或者在作业上易犯错，因此，要善用发展的眼光看待学生，及时发现学生在美术学习上遇到的困难，多给学生指导和帮助，跟踪学生的表现，做好阶段性评价。同时结合学生存在的问题，及时调整教学方案和作业设计，深挖学生的潜能以及培养学生的综合素质。③ 学生、小组之间互评，教师指导，提高学习者自身的评析能力。在美术教学中或教学结束后，要指导学习者观察其他学生的作品或欣赏自己的作品，欣赏作品中蕴藏的美，结合自己的理解和美术知识的掌握给予客观的评析。在互评中，学生个人或小组之间，利用自己掌握的美术知识分析个人或其他学生作品的优势和不足，学其所长，补其所短，相互激励，增加了同学们之间的热情和动力，提升学生的美术素养。

高效美术课堂的建立要认识到传统美术课堂中存在的问题，了解高效美术课堂建立的目的和意义。针对课堂中存在的问题，提出最有效的教育教学策略，促进高效美术课堂的建立。作为一名教师，在今后教学中更应从初中学生的实际出发，设计教法、学法、教学过程，不断提高教学质量和效率，为学生的发展打下坚实的基础。

小学英语课堂"情境再构"助力"双减"落地

平度市旧店镇旧店小学　王巧丽

自2021年7月以来，随着"双减"政策的颁布与实施，一场传统教育的改革大戏已拉开帷幕。中小学教师既要将"双减"政策落实到位，又要保证教学质量，这无疑对教师的教学工作提出了更高的要求。课堂是教育教学的主阵地，如何抓住有限的时间打造一堂高效课堂，促进学生的发展成为教师亟待研究的重要课题。

《义务教育英语课程标准（2011年版）》指出，各种语言知识的呈现和学习都应从语言使用的角度出发，为提升学生"用英语做事情"的能力服务。教师要创设接近实际生活的各种语境，采用循序渐进的语言实践活动，培养学生用英语做事情的能力。阅读教学在小学英语教学中有着不可或缺的重要地位。因此，在"双减"背景下，教师能否根据课程标准的要求优化教学设计，对于培养学生语言运用的能力起着重要的作用。

笔者结合PEP六（上）Unit 2 Ways to go to school Read and write的教学实例，阐述在情境再构的基础上，教师如何设计促进学生语言运用能力的阅读任务和活动，激发学生学习兴趣与动机，提高课堂效率的同时，发展学生语言和思维能力。

一、课程分级标准

在九级目标体系中，小学六年级结束时应该达到二级基本要求。鉴于本节课为六年级上册第二单元，学生已有一定英语基础，具备了初步的听、说、读、写能力。因此，笔者参考以下课标要求制定教学目标及学习目标。

（1）能在图片、图像、手势听懂课堂活动中简单提问。

（2）能在教师的帮助和图片的提示下描述或讲述简单的小故事。

（3）能借助图片读懂简单的故事或小短文，并养成按意群阅读的习惯；能正确朗读所学故事或短文。

（4）能根据图片、词语或例句的提示写出简短的语句。

二、教学目标

（1）学生能够正确听说、朗读本课课文并理解不同的生活环境使孩子选择了不同的交通工具。

（2）通过阅读问题训练，学生能在语篇中寻找关键词，并能进行细节推理。

（3）学生能够用带有must，Don't的句子给朋友写建议。

（4）学生知道单词与单词之间的连读，最终能正确朗读句子，形成良好的语感。

（5）教师引导学生珍惜当下，学会感恩。

三、学习目标

（1）学生能够正确听说，朗读Some kids go to school by sled. You must... 或Don't... 等句型。

（2）学生能够正确认读单词及短语，如went，sled，ferry，learn等。

（3）学生能够用带有must... Don't... 的句子给朋友写建议。

（4）学生了解单词与单词之间的连读。

四、教学内容设计

Step 1 Warm-up

1. Greeting

T: Hello, boys and girls. Are you ready for class?

2. Free talk

T: How do you come to school?

S1: I come to school on foot.

S2: I come by schoolbus.

Ss: By bike... .

T: How do you get to Beijing from Pingdu?

S1: By plane.

Ss: By bus... .

设计意图：用Free talk导入，拉近了师生之间的距离，营造了轻松愉悦的氛围。同时，复习了A和B部分的重点句型，为后面的教学做好铺垫。

Step 2 leading in.

根据Free talk话题，教师小结。

T: There are different ways to go to school in different places. This is the title. Usually, you can understand the text by the title.

Step 3 A study tour.

教师出示世界地图，通过PPT动画乘坐飞机，带领学生到四个地方研学。

设计意图："一架飞机"将本课四个文本串联起来，以目前流行的、学生喜闻乐见的"研学"方式，带学生走进边玩边学的情境中。学生的学习兴趣高涨。

Stop 1: Munich Germany.

以慕尼黑啤酒为提示，引导学生理解并会读Munich，Germany。

T: How do the students go to school? Guess!

Ss: By bike? By bus?...

学生猜后，出示图片，学生试读课文片段。

T: Give your some suggestions. Travel tips: You must stop at a red light.

Don't go at a red light.

设计意图：研学第一站，引导学生将熟知的青岛啤酒经验迁移到慕尼黑啤酒，了解其文化。利用"旅行小贴士"，给学生一些建议（交通信号灯），为后续的学生选择建议做铺垫。

Stop 2: Alaska, USA.

T: Now, we are in Alaska. How's the weather in this place?

Ss: It's snowy.

T: Yes, It's snows a lot.

出示下雪动图，教学It's snows a lot.学生练习连读。

T: There is a fast way. It's cool. Let's watch the video.

出示get red led以旧词带新词，学习sled.

出示fet+sorry—ferry.

T: We should pay attention to safety when traveling in snowy days. Travel tips.

出示判断题"You must drive fast.（　　　）""Don't let the dogs run too fast.（　　　）"学生同桌合作完成判断。

设计意图：旅行的第二站，通过展示阿拉斯加州的雪地图片，让学生了解阿拉斯加的天气和地理情况，理解It snows a lot.然后教师设置悬念，播放视频让学生体验雪橇，通过教师提供的已学词语，学生自学by sled和ferry。

Stop 3: Jiangxi China.

出示江西风景图片，There are many mountains and rivers，it's beautiful。

T: How do they go to school? 小组自学找出答案，并会读。

小组合作提出建议，将Travel tips补充完整。

设计意图：旅行的第三站，了解江西山多，河多，让学生理解当地孩子的上学方式。学生通过第一站和第二站，已经练习了"must... Don't...",本站小组合作提出建议，并写下来。

Stop 4: Papa, Westway, Scotland.

教师出示时间轴，小组四人合作完成。

Step 4. Consolidation

1. Read the passage. 学生自主完成判断。

2. Read the passage again，同桌之间互问互答.

How many ways can you find in the text?

Does everyone in the text go to school?

3. Report. 学生小组谈论，将汇报内容列提纲。

设计意图：再读课文，学生回答相应问题。此环节让学生先自读思考，再回答，汇报时，学生可以任选一幅图，根据所列提纲进行汇报，并把相应的词卡放在准确的位置上。

4. Listen to the recording and repeat.

5. Tips for pronunciation.

设计意图：听录音跟读，让学生感受纯正的语音。接着引导学生理解连读并在本文中加以注意。

Step 5. Expansion

T: Where's Robin? He's collecting the pictures and making a nice book. Do you know why does he do this? Because Grandpa is ill and Robin is a kind/ helpful. Let's listen.

Draw a book on the board and say: This is the book. 引出绘本"This is the way we go to school"同桌合作阅读，完成习题纸的填空部分。

设计意图：研学归来，Robin在哪里，他在收集照片并制作一本书。问学生你们知道他为什么要这么做吗？因为爷爷病了，Robin是个友善的好孩子。不仅巧妙地引出Robin和爷爷的对话，引导学生进入绘本阅读环节，而且还有效进行情感渗透。同时教师利用板书，将主要内容制成一本书，使板书有效辅助教学。

Step 6. Summary

T: What have you learnt today?

S1: Some new words like "sled ferry"...

Ss: Different ways to go to school in different places...

Step7. Homework

D: Write the new words.

C: Listen to the tape and repeat.

B: Retell the passage.

A: Make a book about the traffic ways.

设计意图：作业难度分为四个等级，充分考虑到小组内四个学生的学习能力和水平，解决了优等生"吃不饱"及学困生"吃不了"的问题。不同层次的学生完成的作业不再有困难，减轻了学生的心理负担，激发了学生完成作业的乐趣，让学生在完成作业的同时感到轻松愉快。

Step 8. Blackboard design（图1）

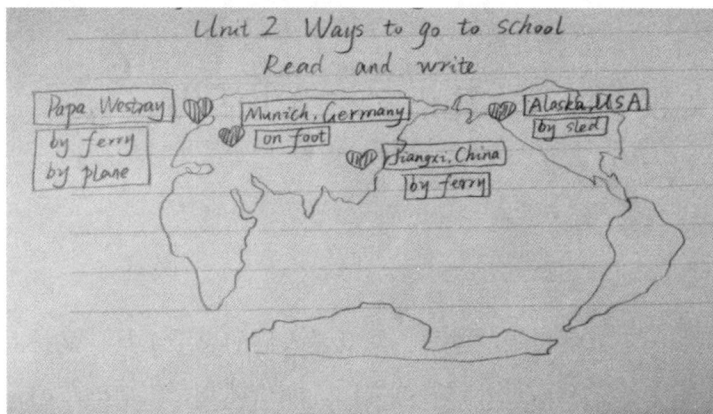

图1　Blackboard Design

五、效果分析

在本节课中，教师首先是帮助学生在具体的情境中进行新单词、新句型的学习与巩固，将基本知识点落实到位，让学困生跟上节奏；其次组织学生通过自主学习与合作学习相结合的方式，辅助学生有效的输出语言，让学生在创设的情境中运用英语，提高学生语言运用能力；最后，阅读同类话题绘本，拓宽学生思维广度，绘本结尾"What is our mode of transportation in twenty years? Say and draw! "给学生提供充分想象的时间和空间，增强学生思维的发散性。

转变语文教学模式，让语文教学生活化

平度市明村镇明村中学　　邢月松

　　语文是一门工具性极强的学科，它既是人们的思维工具，又是人们进行交际的工具。语文教学亟需打开教室的大门，缩小课堂与生活的距离，让源头活水流进课堂。联系生活进行基本训练，既"导流"，又"开源"，有利于学生生动活泼地主动学习，有利于学生学以致用、学人做人。"不关心广大的社会生活就很难学好语文。"然而，长期以来，在教学中存在与生活脱节的弊端，使丰富多彩的语文课堂变得枯燥无味。

一、教育改革必须以教育观念的转变为先导

　　教育方式的改革是教育系统的自我发展与完善，它是多维度的，是教育系统内各要素都要更新与发展的变化。简单地说，教育改革就是要使教育走出应试教育的误区，完成由以书本为中心、以课堂为中心，以教师为中心向以直接经验为中心、以活动为中心、以学生为中心的转变，以及由培养经验型人才向培养创造型人才的转变。我们所说的素质教育既是一种教育观念，又是一种教育模式，其实二者在本质上是相通的，因为教育模式实质上就是具有实际操作功能的教育观念。教育观念是人们形成的关于教育的比较稳定的世界观，是教育目的和手段、内容和方法的主体。素质教育是根据社会发展的需要而提出的，它重视素质，需要培养什么样的素质就教什么，怎样教有利于提高人才素质就怎么教，一切以培养出符合时代要求的人才为依据，重视学生的"全体发展、全面发展、个性发展"。

二、深入思考生活

联系生活进行语文阅读教学，要在用心感受生活的基础上深入思考生活，实际体验生活。对生活的思考涉及方方面面，可以是关于社会人生问题，可以是自己身边的琐事，也可以是对人生哲理的领悟。很普遍的一个现象是：在很多学校中，现代教育技术的硬件建设已相当完备，可仍然无法让学生感同身受地融入课文所叙述的环境中，这反映出应试教育观念的影响仍然很深，人们还没有从实质上理解语文教学联系实际的重要性或接受让学生理解课文，融入课文。也就是说，人们的观念不能更新，物质条件再优越，教学方法和手段再先进，也不可能从根本上改变学生只把学习当作任务的现状。

三、构建师生互动模式

教学模式是在一定的教育思想、教学理论和学习理论的指导下，在某种教学环境和资源的支持下，教与学环境中各要素之间稳定的关系和活动进程结构形式。传统的教学模式是一种以"教"为中心的教学模式，这种教学模式以课堂、教材和教师为中心，排斥一切课外活动，忽视劳动职业训练；传授课本知识为唯一目的，忽视学生创造能力的发展和个性的培养；忽视学生在学习中的主体地位，忽视学生认知能力的培养。显然，这种教学模式已经滞后于社会的发展，与素质教育的原则背道而驰，不能适应科学技术和社会发展的需要，必然要为社会所淘汰。

在建构主义学习理论指导下的教学模式，强调以学生为中心，在整个教学过程中教师作为学习的组织者、指导者、帮助者和促进者，为学习过程创建必要的学习情境，使学生在相互协作中充分发挥自己的主动性、积极性和创造精神，主动参与到学习过程中，实现意义学习（即达到对知识的深刻理解，而不是机械记忆）。显然，在这种模式下，学生完全是认知的主体，学习强调的不再是对知识的记忆，而是重视培养学生的创造性思维和创造能力，以及从教师处联系社会获取信息、分析信息、处理信息和利用信息的信息能力。

由教师引导学生进行由课文选材到社会的实际联系对于学生的认知具有极强的意义，比如在《背影》一文中，《背影》的内容是写父亲。儿子写父亲，可以入文的自然很多，但作者只"把父亲的背影作为主脑"；"父亲的背影原是作者常常看见的，现在写的却是使作者非常感动的那一个背影"；父子在南京耽搁了一天多时间，其间定有许多经历，但文章只写了"一个瞬间的父亲的背影"。可见这里选材的标准是："凡是和父亲的背影没有关系的事情都不用写；凡是要写出来的事情都和父亲的背影有关系。"此其一。

"使作者非常感动的那一个背影"在文章中有两处叙述，皆是作者目睹：一回在父亲去买橘子，爬上那边月台的时候；一回在父亲下车走去，混入来往的人群里头的时候。前一回，作者"把父亲的背影描写得很仔细"，"是依照当时眼见的写出来"的；后一回，作者却只写了"他的背影混入来来往往的人里，再找不着了"一句。这里选材的原则是：能突出以直观描绘"父亲的背影"的地方，就应该不厌其详、细致入微地写；不能以直观描绘（父亲的背影已经"混入来来往往的人里，再找不着了"）的地方，就绝不妄加虚构。此其二。

全文记父亲说的话只有五处，都十分简单。按理说，在"家中光景很是惨淡"的境遇里，在父子难分难舍的离情中，交谈、告诫、嘱咐，自是不少，为何作者只记了这极普通极简短的几句呢？仔细审析，可以看出文章在这里选材的标准是：只记叙可以表现"里头含蓄多少怜惜、体贴、依依不舍的深情"的话语，使读者"读到这几句话，不但感到了这些意思，还仿佛听见了那位父亲当时的声音"。此其三。

父母是人生的第一位老师，父母为抚育子女成人、成才，历尽艰辛，可谓呕心沥血；而学生身受父母慈爱，往往身在福中不知福。教学中，应针对学生实际，运用教材的示范作用，对学生进行潜移默化的熏陶感染，并适时给予点拨，使学生对父母形成正确的认识。

此时应紧扣父亲疼爱儿子这个中心，重点剖析"望父买橘子"的"背影"这一情节，充分体会父亲的用心和艰辛；并通过语言描写和细节描写的分析，体味父亲对儿子的无微不至的关怀和深切的爱子之心。

四、展开多种课外活动

学以致用，开展丰富多彩的语文课外活动，可以进一步加强学生的感性认识，激发兴趣，对语文课堂教学效率的提高有着十分重要的作用。因而，语文课外活动应该成为语文教学不可缺少的组成部分。

语文课外活动，要根据不同年级、不同层次进行有计划的课外活动，提高学生的创新能力。比如写字活动、朗读比赛、歌咏比赛、书法比赛、智力比赛、即席发言、参观访问、旅游采风、故事会、讨论会、演讲会、辩论会、文学作品欣赏会、改编排练课本剧等等。

五、讲述课本之外的故事

讲述课本之外的故事在于使学生更加了解课文的年代背景，注重学生对课文本身的理解，不会产生时间上的代沟。再以本篇《背影》为例，这是我国白话文学上一篇十分著名的作品。许多人都认为是朱自清的代表作。它所叙的只是一位老父亲送儿子上火车的情形。可是，那永难磨灭的父亲的背影，却使中国人的父子亲情，感动了全世界的读者。本文先述祖母逝世后的家庭状况，次述他随父亲到南京的原因，再又述说他父亲如何嘱托茶房照料他，如何越过铁道，到另一边月台去买橘子；如何买了橘子回来，再三叮咛的情景，写得细腻极了。最后，描写作者接到他父亲的来信，再而联忆起父亲的背影时的哀伤。读者们读了本文，多会产生共鸣，并想到自己的父亲对自己的亲情和作者的父亲并没有两样。"当时的中国，军阀割据，列强势力明争暗斗，混战不休，百姓生活日益艰难。作者的家庭，因社会的黑暗也日趋窘迫，'光景很是惨淡'，'一日不如一日'。在这一背景下，课文通过临别前父亲背影的描写揭示父子情深的主题，从家庭的境遇，反映了当时社会的不景气；父亲的关切使作者感激，父亲的艰难挣扎令作者感动，这一切都显示出父子亲情的纯挚与可贵。"

经过此番介绍后可让学生更加能够融入课文，为教师引导学生联系实际产生实际感，让学生不至于有不着边际的感觉，对于让学生联系实际有着良性的辅助效果。以上只是简单地分析了师生互动在教学模式中的作用与方法。如何才能在应用现代教育技术的基础上，建立有效的教学模式，还应由各位授课老师根据自身的条件去创造性地探索与开发。

总之，通过有效的教学设计，我们可以使现代教育技术的优势得以充分发挥，建立行之有效的教学模式，让语文教学生活化，提高学生的语文素养，使教育质量得到行之有效的提高。

159

初中语文教学中多元化教学路径探析

平度市明村镇明村中学　于子志

新课改下的语文课堂教学水平正在不断提高，课堂教学已经不再是墨守成规的"围绕一本书讲个彻底"的情况了，老师们的教学方法推陈出新，标新立异，各种各样，教学模式也呈现出多元化发展趋势。而且在教学中教学内容，越来越多的围绕生活，让学生与生活相结合理解学习内容。在初中语文教学中，教师要不断地将多元化教学方法融入课堂。

一、改进教育观念，夯实基础知识

在传统教学中，教师的教学观念受到传统应试教育思想和功利主义教育思想的影响，往往习惯性使用"填鸭式"的教学策略。久而久之，学生习惯了这种学习状态，就无法在课堂和课余时间中产生主动学习的行为。在这样的环境下，学生的基础知识掌握程度势必会出现一定的问题，带来各种各样的消极影响。教师应着手帮助学生夯实语文基础知识，从而为学生今后的发展创造有利条件。例如，教师在执教《观沧海》的相关内容时，从传统教学模式的角度上看，教师在讲解这首诗歌的相关内容时，教师会将这节课的教学活动分为以下几个部分：首先，是诗歌的朗读，旨在帮助学生梳理这首诗歌当中的生字读音；其次，是诗歌创作背景与诗人生平的介绍；再次，是诗歌情感的分析；最后，是带领学生大量的学习诗歌分析方法，并通过"刷题"的方式进行巩固和强化。为提升教学有效性，教师可用课件去将本课将要学习的基础知识，如生字、诗人生平、诗歌所使用的创作手法和情感直观地列举出来，并采用小组合作的方式引导学生进行探究。这样一来，学生就能够牢牢地掌握基础知识，为今后的学习奠定基础。

二、通过多媒体激发学生的阅读兴趣

初中语文学习中，教学目标已经达到学生需要自己解释古诗词的含义并分析诗人所表达的情感。因此教师可以先引导学生自己翻译古诗词，并且教会学生翻译的方法，找到类似的古诗让学生自行翻译，教师再根据学生的翻译成果进行点评和讲解。关于剖析古诗词内涵方面，以七年级语文教材中的《次北固山下》为例，诗词中作者通过描写舟泊途中两岸的风景表达自己的乡愁，教师可找到几首通过描写景色表达感情的诗歌和利用不同写作方式表达乡愁的诗歌让学生赏析。在此过程中教师应该强调学生，不仅要感受作者写作的表达手法，还要注意作者描写景物的时候用了什么修辞等。这样对于提高学生的综合能力很有帮助。在群文阅读过程中不是只有找到各种读本进行阅读的方式的，如《雨的四季》，教师可通过多媒体影像展示出四季的雨的照片，通过多媒体音频让学生区别四季的雨的声音。让学生了解一下其他地区的四季的雨。最后可让学生发表自己的看法，对于雨的四季有什么样的理解，在交流中收获知识。互联网和项目式语文学习模式中，学生可借助互联网营造的学习氛围，更加主动地加入的语文学习中，并且学生在项目式的课堂学习中，可更加高效地开展学习活动。教师在设计相关情景过程中，可从这两个方面着手，接而融合绘画、音乐等，为初中生营造一定的氛围。例如，学习《春》这一课时，教师可借助网络技术，为学生呈现相关的音频与图片，引导学生自主加入课堂的学习活动中。同时，语文教师可在课堂中为学生设计相关的音频情境，像是借助网络技术为学生搜寻《春》的诵读音频，使学生可在音乐的渲染以及音调的起伏转折中深刻感受文章的意境。互联网模式下语文课堂，为学生之后顺利加入项目式学习的探究中奠定基础，切实提升学生探究的效率与自主性。

三、设置探究项目，安排探究计划

当学生进入网络技术营造的教学氛围中，语文教师可适时为学生设置探究的学习项目，并且要求学生可自主地设置探究的计划，为项目式学习做好铺垫。然而，由于初中阶段学生尽管已经具备了一定的学习能力，但是却尚未完备，因为语文教师可将学生以小组的形式划分开，引导学生在合作、讨论中共

同完成项目式学习目标。此外，语文教师也应当根据研究的内容决定小组的数量，进而保证学生在项目式学习中的有效性。例如，《老山界》，为学生展示相关的项目式学习目标：在理解革命乐观精神的基础上，了解文章按时间以及地点转移为特点展开叙述、赏析文中精彩的片段。教师可根据三个学习任务将学生划分为三组，其中每两个小组主要负责一个项目，并且为了促进初中生个性化的发展，学生在明确了本组的学习任务后，可自主制定组内的探究计划。赏析文章精彩片段的小组可制订以下计划：根据文章段落以及组内成员的数量，让每位学生负责几个段落，分别自主研究其中重点的句子和语句，之后在小组内共同分享自己探究成果，若是遇见有争议的问题，可进行标注，在适当的时候请教语文教师。之后整合小组探究成果，制作和设计及探究成果向其他同学展示。项目式教学计划可使学生学习与自主探究变得更加具有针对性与方向性。

综上所述，教师在课堂教学中灵活运用"互联网＋项目式"教学模式，使学生更好地开展语文的项目式学习，师生之间通力合作才能取得更好的效果。如果学生与其他同学和教师间的联系不够紧密，各自为战，思维能力的提升就会受到极大影响。教师应强化生生之间交流，用更加积极和活跃的交流去提升学生的思维能力，以此推动着初中语文教育实现更好的发展。

探讨小学信息技术课教学的生活化

山东省平度市东阁街道蟠桃小学　郑晶晶

　　科技的发展和国民生活水平的提高，很多小学生在生活和学习中都接触过电脑或是手机一类的电子产品，会使用其中许多功能，学生对于"信息"和"技术"这样的概念是模糊的，会使用计算机但是并不了解其基本结构，也没有养成良好的计算机使用习惯，对网络也只是喜欢什么就搜索什么内容，并没有良好的信息素质和对网络信息的防范意识。所以在小学课堂上进行信息技术教学并不像学生所想的上网玩游戏和看视频那样轻松快乐，而是要学习计算机的基本机构和诸如画图、LOGO语言之类的计算机使用技能，还要培养自身良好的信息素养，所以学生会产生心理落差，再加上信息技术的相关概念对于小学生来说还显得复杂和抽象，导致很多小学生觉得信息技术课无聊又枯燥，信息技术教学成果既然不尽如人意。

一、培养学生的信息技术观念

　　由于现在我国的网络监管体系建设得还不够完善，很多人利用网络的虚拟性和传播速度快等特点在网络上传播一些不良信息来谋取利益。也有一些人凭借着自己的网络知识和技术在网络上入侵他人的系统或在网络上传播病毒，这样的行为对网络的信息安全和和平的网络环境造成了极大的危害。这些人的计算机技术高超，但是因为缺乏良好的信息素养，没有良好的用网习惯，导致即使有高超的计算机技术也不能用来帮助自己解决问题反而给他人的学习和生活造成困扰。所以培养良好的信息素养必须从娃娃抓起，在学生小学刚接触信息技术课的时候，就要给学生灌输信息技术素养的概念，帮助学生养成良好的信息素质，确保学生在以后的生活中不会利用信息技术去做有损他人利益的事。

良好的信息技术素质的培养是一个漫长的过程，但是由于小学阶段是学生接触信息技术的开端，所以小学阶段的信息技术老师更有责任在教学过程中逐渐培养学会良好的用网习惯，为学生拥有良好的信息素质技术打下良好的基础。

二、把信息技术课堂与生活相结合的意义

小学信息技术教学生活化，既包括把上机实践的教学过程生活化，也包括用生活化的教学场景培养学生的信息素质。从小养成良好的用网习惯和培养一定的信息素养，能让学生在以后的生活和学习中会使用网络来准确、快速查找所需资料，这是让学生受益终身的事。所以在小学开始接触信息技术课的时候就要培养学生的信息素质。但是由于小学生没有信息技术方面的知识储备，而且对于抽象知识的理解能力较弱，所以上信息技术课的时候，对于理论性、概念性的知识，不要只是对照着教材来讲解，要把这些理论知识融入一些学生熟悉的生活场景中，或是巧妙地利用比喻的方法把这些知识转抽象化为具体化，帮助学生理解。生活化的信息技术教学能让学生体会到良好的用网习惯的重要性，对网络的搜索功能也会有切身体会，在生活化场景中如果学生利用信息技术知识和技能解决了生活中问题，学生就会清楚地认识到学会准确、快速地在网络上进行搜索是很有用的一种技能。这样的教学方式能让学生不再觉得信息技术课枯燥乏味，只有先增强学生对这门课的兴趣，学生在学习过程中才会更积极主动，接受起知识来也会越容易。在小学阶段学好了信息技术课程，掌握一定的信息技术技能，能为学生以后初中和高中信息技术的学习打下牢固的基础。

三、信息技术课堂生活化教学方法

低年级的学生理解能力有限，对学习信息技术课程会比较吃力。但由于地区和教材版本的不同，一些地区小学的信息技术课程是从四年级开始开设，本文采用粤教版信息技术教材来辅助论述，所以在本文中先讨论粤教版小学四年级信息技术教学生活化的方法。对于刚开始上信息技术的学生来说，教学首先都是从认识计算机的结构组成开始，即先学习怎样正确地开机关机，学会开关机之后就是教学生使用计算机中最基础的功能，如利用计算机进行简单的计算

或是在电脑上绘画简单的图画等。在教授学生使用计算器功能时，可以将教学分为2~3个课时，第一堂课先教学生打开软件和熟悉计算器功能。然后给学生布置任务，让学生在堂课上用计算器软件计算自己一个星期的零花钱在各方面的花费，然后用再把计算过程的结果都自己做一个总结，在课时结束的那堂课上分享每个同学的计算结果和心得体会。这样把学生的生活与教学联系起来，既能帮助学生熟练使用计算机功能，又让学生在学习过程中对计算机功能有亲切感，能感到计算机技术与自己的生活息息相关，学习效果会更好。

四、信息技术课堂与生活化的结合

对于六年级的学生来说，已经有了一定的信息技术知识，相关的，六年级的信息技术课程也会比较难一些，这就更需要把信息技术教学生活化，来帮助学生学好信息技术知识。粤教版六年级下册教材中有一个教学任务是教会学生使用LOGO设计简单的标志和图画，在这个教学过程中，老师就可以把教学生活化。老师教会学生打开LOGO设计软件和熟悉软件功能之后，可以让学生把在生活中观察到的图形和标志在课堂上设计出来，或是让学生给自己的家庭、学校设计一个图标，或是给生活中熟悉的一个人设计一个标志。这样既能让学生在设计图标时熟练掌握LOGO软件，又能激发学生的想象力和创造力。总之，小学信息技术教学生活化是对信息技术教学的探索和改革。由于信息技术这门课的性质，很多小学信息技术教学还没有找到正确有效的方法。学生因为这门课和自己想象中轻松的氛围一样而对信息技术学习热情不高，老师也因为学生的学习态度不端正而无法有效展开教学工作。信息技术教学生活化对小学信息技术教学有很大作用，既能提高学生学习热情，又能让老师顺利展开教学活动，最重要的是让学生在小学阶段打下牢固的信息技术基础。

为人生，还是为生存

——高中议论文写作教学的反思

平度市第一中学　鉴　伟

全省高中暑期培训时，我的作文教学反思《我成了伪文化的捍卫者》被省资源库收录，引起很多老师的共鸣和争论。我有幸参与了山东省的高考作文阅卷工作，发现当下学生作文的现状实在让人担忧。前段时间，听一位专家讲高考作文就是"1+1+1"，而且多少年屡试不爽，再次让我反思当前高中语文作文教学，尤其是议论文的作文教学，耳边似乎一直响着王荣生教授的一句哈姆雷特式的疑问：高中的写作教学，究竟是为人生，还是为生存？作文如果仅仅是面对三年的最后一篇作文，也就必须为学生的生存着想，但如果仅仅为了生存而创制一些应对的"俗招媚术"，又怎能让学生感受到"写作一篇文章，就是一次生命活动的过程，一种情感的发泄，一种生命力的释放"？

一、为生存的议论文写作"油头粉面"

我必须承认，自己的议论文教学是失败的，虽然我可以让班里大多数学生在高考的时候作文分数拿到平均分以上。而且我一直信奉议论文指导是最简单的，高考考场上写议论文是最好拿分的。结合自己的教学实践，反思当下的议论文写作教学存在以下几方面问题。

（一）议论文写作教学高度格式化

从教以来，议论文教学都是从议论文的基本要素入手，然后讲如何拟题，如何精彩开头和结尾，如何组织议论文结构。议论文结构教学在传统的三段论的基础上，再进一步剖析议论文写作结构的基本操作模式，如并列式、对比式、逐层深入分析式等结构。

例如对议论文的题目，我会让学生抄写《可以套用的100个好题》，于是在一次模拟考试中，很多学生的题目都是"让××的花开在××的枝头"。

对于开头和结尾，更是很多可以套用的文字，在高考阅卷中，就看到不少学生同时用"盈盈月光，我掬一捧最清的；落落余晖，我拥一捧最暖的；灼灼红叶，我拾一片最热的；萋萋芳华，我摘一缕最灿的。××这世界需要你"为开头。

最作文结构的指导最简单，第一段提出观点、第二段扯扯话题、第三段用一个详例来正面论证观点、第四段举反面例子来论证观点、第五段再扯扯话题，联系实际写个漂亮结尾就可以成文。剩下的学生就可以填空似的把内容填进去。

（二）议论文写作形式大于写作内容

在写作教学实践活动中，把很多的时间和精力放在了对写作形式的强化训练上，尤其是议论文的写作训练，对"论点、论据、论证"的强调，如第一段必须亮出鲜明的观点，必须有正面的例子、反面的例子，必须有详写的例子、略写的例子……片面地认为技巧是唯一可以获取高分、提高学生写作能力的因素。事实证明，在某些情形下（如审题没有难度的情况）是有效的，但这种机械式的"填"作文使得学生逐渐对作文失去了兴趣，认为议论文写作理所当然需要的是按照固定的程序进行内容的排列组合，只需要掌握一定的规则，积累教师提供的一些名人素材作为论据，议论文写作丧失了表达和交流这一重要作用，成了模式化的机械练习。

在"填"作文的过程中，我还发现如果学生在段落开头能使用一些过渡句，那么写出来的作文会在"瞬间"博得老师的"好印象"，也可以在没有足够时间作文时背出来充数。如"仰视迢迢历史长河，生命的突起与泯灭渺若沧海一粟，然而是什么，宛如雷电般划出生命的冲撞，在生命的天空挂起了一道彩虹，给后世留下一流的品格，一流的生命注解？""站到生活的外圈，站到足够高的心境边缘，遥望生命的长河，在她那蜿蜒曲折的身影中，一颗颗河床上滚动的砂石，一个个精彩的人生片段……""滔滔黄河，滚滚长江，流经了中华五千年的历史而奔流不息；巍巍五岳，浩浩九州，经历了千万年的沧桑而能本色不改，历史的梦想边缘，只有懂得减掉一切多余才能听到花开的声音……"如此"填写"而成的作文在快速阅卷的背景下是备受青睐的。虽然这些"光鲜"的句子是无法和内容联系到一起的，但从形式上，却大大提高了作文的"表达"能力。如此作文教学，关闭了学生自己的大脑和心灵，养成了他们墨守成规的陋习，在很大程度上扼杀了学生的创造力和想象力。

（三）语言表达成了技巧的训练

在一份阅卷报告中，专家称赞这样的段落："人生如酒，或清淡或浓烈，因为有追求而更醇；人生如歌，或低沉或高昂，因为有追求而更悦耳；人生如画，或浓艳或清丽，因为有了追求而更有价值，人生因你而精彩，这世界需要你——追求"是"喻证极有文采，说理生动"，可这也是万能段落，将其中的"追求"换成任何一个词都可以。关于议论文要有"文采"，我曾出过一次展示课，课堂思路成型的时候同事们就感觉思路不错，效果也明显。（课堂设计见附页）精心修改后的课堂环节自己也挺满意，但总感觉哪里不舒服，反复思索后，我终于找到了不舒服的原因：我在教学生用虚假的文字拼凑没有生命的"八股"。堂上学生的练笔很精彩，不时有热烈掌声，而这种热闹却让我感到不安。虽然在"意蕴丰富"环节的时候我努力地想把学生拉回到抒发真情实感的层次，学生从周记里找到很多语言让人欣慰和感动，但我知道，在分数面前，这样可能越走越远……

（四）学生疲于应付毫无兴趣

当作文成了"无奈填词"，当思想偏离社会，当情感的发泄变成词句的训练……孤立的、烦琐的、机械的作文就让学生陷于了文字的游戏，其结果是语言能力难以提高，作文能力只能止步不前，思维能力得不到发展。大部分学生所写的议论文内容贫乏，思路不开阔。由于思路阻塞，又懒于观察和积累，缺乏必要的素材作为论证依据，因此，所写的内容单调、平淡，缺乏个性，有的作文空话连篇，反复就用那么几句话，没有实际内容，说理无力。这反映出他们思想不活跃，缺乏必要的知识积累和对问题的深入思考、分析能力。刚刚高二期末考试的作文材料是"两个人在山里看到一片材质优良的树林，于是各自买了一棵树苗带回家，一人把树苗植在瓦盆中，用铁丝左缠右绕，改变其生长形态，树长得虬枝旁逸，成为盆景中的精品。一人把树苗栽在庭院里，浇水施肥，任其自由生长，树长得参天蔽日，成为建筑的栋梁。"材料并不难理解，学生的立意却五花八门，谈"创新""选择"的大有人在，让人哭笑不得，学生缺乏基本的分析材料的能力。

（五）思想的缺失让"文"不"人"

一则材料作文是这样的"一个沿街流浪的乞丐每天总在想，假如我手头要有两万元钱就好了。一天，这个乞丐无意中发觉了一只跑丢的很可爱的小狗，乞丐发现四周没人，便把狗抱回了他住的窑洞里，拴了起来。这只狗的主人是本市有名的大富翁。这位富翁丢狗后十分着急，因为这是一只纯正的进口名犬。于是，就在当地电视台发了一则寻狗启事：如有拾到者请速还，付酬金两万元。第二天，乞丐沿街乞讨时，看到这则启事，便迫不及待地抱着小狗准备去领那两万元酬金，可当他匆匆忙忙抱着狗又路过贴启事时，发现启事上的酬金已变为了3万元。原来，大富翁寻狗不着，又电话通知电视台把酬金提高到了3万元。乞丐似乎不相信自己的眼睛，向前走的脚步突然间停了下来，想了想有转身将狗抱回了窑洞，重新拴了起来。第三天，酬金果然又涨了，第四天又涨了，直到第七天，酬金涨到了让市民都感到惊讶时，乞丐这才跑到窑洞去抱狗。可想不到的是那只可爱的小狗已被饿死了，乞丐还是乞丐！"有近一半的学生立意是"要抓住机遇"，这样一个告诫人们不该"贪婪"的故事为什么到了很多学生的笔下却成了"机遇"问题，我反问学生："难道你认为乞丐应该抓住机遇领走3万元才是成功的吗？"学生无语。当然，我们不能一味地责怪学生不会分析材料，我们大都会说，要引导学生思考，要教会学生在议论文写作中具体问题具体分析，但到了具体的作文教学课堂环节中，则往往都简化成了例子要对得上论点、怎样阐释例子等技巧性的东西。

二、为人生的作文"天生浪漫"

曹明海老师在博客《语文天生浪漫的文化品性》中提到"语文不是单纯的技术性语言训练课程，而是富有诗性特质的'人文性'课程。它不仅是语言技能训练的场所，也是学生体验人生的地方。"在2011高考作文阅卷的第一天下午，有一篇以回老家引入文章的作文引起阅卷老师们的争议，按常理，这篇作文既没有漂亮的书写，也不像规范的议论文，可就是这样一篇文章，如果静下心来仔细阅读的话，就能感受到小作者那真诚的记录、严密的逻辑、独到的思考。作者关注的是"情怀"，一种返璞归真的最最朴素的浪漫的"情怀"让人赞叹。叶圣陶先生曾说过"写作之所以成为生活上不可少的一个项目，原在表白内心，与他人沟通，如果将无作有，强不知以为知，突然说一番花言巧语，实际上却没有表白内心的什么，写作到如此地步便与生活脱离关系，又何必去学习它？"所以，要把学生的写作过程当作真实的创造过程来对待，尊重学生在作文过程中的真实体验，还语文"天真浪漫"的文化品性。

在一次"一材多用"训练课上，我一改以前的借助优秀作文的模板在练习使用材料的方式，给学生放关于史铁生的录像、讲史铁生的故事、读他的《秋天的怀念》《我与地坛》（课文删掉的一些片段），然后让学生自选角度写一段话，学生的文字明显有了生命。以下是摘录的片段：

残损的身躯，飞翔的心灵，拥有顽强毅力，定能梦想成真。史铁生，虽然不能像常人那样随意走动，但顽强的毅力让他在文学领域积极探索、追寻。一颗颗泪珠化梦中的祭坛，心灵随着那一阵阵风飞翔在天地之间，梦想在此刻与他拥抱。试想，倘若他最初就意志消沉、自暴自弃，怎么可能有他如今的成就呢？（贾海海）

当一个人拥有了坚强的内心，即使身体残缺也掩盖不了他们生命耀眼的光环。当活到最狂妄的年纪忽的失去双腿，他没有变得脆弱而一蹶不振。相反，他勇敢地和命运抗争，用残缺的身体，道出了最为健全而丰满的思想，绘出了属于自己的完美人生。（位鹏）

要么死，要么就活得精彩。一生的路很长，就算坎坎坷坷，那也要秉着生命的烛光，去探寻这一生精彩的方面。黑漆漆夜里，朦胧了地坛中斑驳的树影，却总有静坐中的史铁生对生命的思索在闪光。足不能行，但是那又能怎样？在梦想与现实间穿梭，才编织出他一生最精彩的网。（周珣）

手动轮椅代替了他的双脚，但却代替不了心中奔跑的梦想。三十八载的病痛缠身，他迷茫过，思考过，而后坚强！用梦想点燃人生希望，用语言道出生命铿锵。三十八个春秋，足以让一个青年人变成一个对生活俯首帖耳的老者，却磨不掉他钢铁般的意志，折不断梦想的羽翼。心在、梦在，所以希望在、成功在。（姜一倩）

当命运折断了希望的风帆，当生命凋零了美丽的花瓣，当人生的不如意与挫折一次次涌向史铁生心中的海洋，他并没有一味地坐在轮椅上哀叹命运的不公，而是选择了跨越挫折，迎接新的明天。跨越挫折，乐观对待生活；跨越挫折，用写作摆渡人生。（张海龙）

温软的手指触摸着坚硬的化石，易逝的生命叩问无穷的伟大。假如史铁后不坚强地活下来，而是自暴自弃，怎会有"死不是一件急于求成的事"鼓舞那么多失望的生命？当名人还是人名的时候，他们也为各种挫折而山重水复，关键在于他们能坚强面对，从容应付，才有柳暗花明的新天地。（李洪涛）

在史铁生看来"死是一件不急于求成的事，死是一个必然会降临的节日，无论你怎样耽搁都不会错过。"面对突如其来的灾难，他选择了精彩地活着，用文字告诉人们他对生活的体验。艰难前行的路上，他选择了对生命的思索和感悟，用手中的笔勾画自己的人生，为我们留下一流的生命注解。（林新森）

"生命就是一个和苦难周旋的过程，别指望你的生命里没有苦难。但只要当大家坐在一起共同面对时，更好的办法就会在交流和倾听中出现。"这是"业余在写作，职业在生病"的史铁生带给我们的箴言。身体的缺憾让他空守着对体育的热爱，却只能坐在寂冷的地坛，但他却用思维和智慧把这片孤寂看作上天给予他思考生命的天地，于是他在这里找到灵感，写出诗篇。换个角度看生活，生活会露给你不一样的风采。（李佳沛）

母爱是隐随在史铁生车轮后的一串串脚印，那些泪水和爱怜总远远的隐在身后，不论那个架在轮椅上的身影是愤怒还是快乐。那串脚印从不肯离开，直至不得不离开，成了秋天永远的怀念。（石婷婷）

三、为生存，更为人生

作为农村中学的一名语文老师，我重视三年中的那最后一篇作文，也必须为学生的生存着想，但我也不会丢弃语文"浪漫"美丽的人文翅膀，要"生存"更要"人生"！在今后的议论文作文指导中，会注意以下几个方面。

（一）将情感教育渗透到议论文中教学

为了让学生懂得追求人性美，在作文教学过程中，教师应该激发学生成为人真、知真、情真、言真的"四真"人。这不仅与高中作文教学要求相符合，更与时代发展的要求相符合。在对社会关心、对时事关注和对现实生活热爱的过程中发现人性美，并在参与社会活动的过程中感悟人性美。走出学校，领略祖国山河美；走进社区，感受国家变革美。同时，针对生活中的假、丑、恶现象，鼓励调查，鼓励思考。用真的、善的、美的总思路来引导学生树正气，讲奉献。在引导学生追求人性美，培养学生独立个性的同时，还要在课堂教学中展示学生个性。写作中，首先是要求学生有自己的感受，有独特的见解；在表达中不说套话、假话；有自己的想象、自己的观察、自己的真情实感；鼓励学生自主地选择表达的内容和形式，真切地反映自己的所见所闻，写出有自己特色的作文。要做到这一点，就要让学生多阅读充满创造想象的作品尤其鼓励学生有"异想天开"的创造想象。不断激发他们探究的兴趣，肯定和鼓励他们的点滴发现。

（二）引导学生多读多积累，并重视思维过程

刘勰在《神思》中特别指出了知识学问、经验阅历等的重要性，把"积学以储宝，酌理以富才，研阅以穷照，驯致以绎辞"与虚静精神状态同时列为"驭文之首术，谋篇之大端"。这表明刘勰认为在文学创作的构思准备工作中要积累知识，用理论衡量，用阅历辨析才能写出好的作品。高中生的生活范围狭窄，课业繁重，很多同学因生活枯燥乏味，缺乏必要的素材积累，学生作文素材主要靠平时的有限积累和阅读教学的启发。写作素材的积累过程是学生作文水平提高的必然阶段，忽视了学生在课外阅读和人际交流中的美文学习和材料累积，而一味地以教师课堂提供的论据为素材来源。选择具有历史厚重感、强烈文化色彩的有价值的材料应用于作文之中，从而促进文章使用的材料多元化。提高对课内历史材料"调动"的重视程度；提高对生活中有文化底蕴、有思想意义的实时材料"选用"的重视程度。

在指导中有意识地指导学生思考的方法，引导学生把问题想深刻，学会具体问题具体分析。"从高中学生的心理状态看，他们这个年龄已经显现出明显的思维形式化、概念化的特征。引导他们不仅了解事实本身，而且透过事实去探究本源，对正确地训练思维、提高思维能力是很有益处的。"

（三）把写作技能训练和"人文性"教育和谐的统一起来

《四书·大学》说："大学之道，在明明德，在亲民，在止于至善"，意即

通过有效的教育，使受教育者提高道德思想素质，净化个人灵魂，陶冶高尚情操，进而去教育人民，唤起人民，除旧布新以达到真善美的境界。就作文训练来说，"言为心声"，学生写作水平的发展过程，应该能服从于并表现出他的价值观和人文素质的发展轨迹。我们教师也必须立足于人文素质教育观，通过完善新的作文质量的评价标准，有效地发现学生的个性特长、创造能力和实践能力，为实现学生的可持续发展起到应有的作用。作文正是要把语文学习中积累的主观体验、对生活的感悟以及自身品质、审美体验等方面的价值判断通过一定的形式技巧表现出来。

（四）从评价的角度促进学生写作

通过点评分析端正学生在作文中体现的思想和认识，保证这些思想和认识的正确性，与主流意识形态相符合，与中华民族的传统相符合，并使时代精神和风貌通过学生的作文体现出来。另外，以前在作文点评方式上，基本上以教师笔头点评为主，写出作文修改的意见和评语。学生拿到作文后匆匆看一眼分数后就抛到脑后，可以尝试在作文评阅中想方设法为学生创设一些读者群，如学习小组成员一起交流作文、讨论作文；教师和父母可以从评判者转化成读者、朋友，平等地阅读，民主的讨论。有了读者群，学生就可以转变"做文章"的观念，把作文当成是一种交流。正如张化万老师所说的："必须让学生的作文有更多的读者，更多的倾听者、欣赏者，让学生得到情感满足，在沟通中获得成功的心理体验，懂得写作文的价值，增强作文的社会责任感。"

四、结语

为生存，更为人生！

我们可以以多渠道协作技能的训练为手段来为学生综合素质的提升、学生人文素养发展的促进提供保障，从而赋予作文以真正的"人文性"，让高中作文教学充满人文气息，为学生做真正的好人、作真正的好文章奠定坚实的基础。正如曹老师所言："真正切有成效的语文学习不是以技术性语言训练取胜，而是让学生在语文学习过程中吸取内含的充盈的人文精气，感受和体验语文的文化内蕴，滋养自己的精神家园，即把语文学习的过程作为一种感受和体验文化、建构和塑造主体文化品格的过程。"

对农村小学数学教法的几点思考

——如何缩小城乡数学教育的差异

山东省平度师范学校　彭爱波

一、农村小学数学教育现状与分析

（1）农村小学数学教育设施落后。在我国农村地区，校舍面积比较小，教育设施比较落后，多媒体教学与城市小学存在着较大的差异，导致学生只能坐着听，老师只能干巴巴地讲，大大降级了课堂的趣味性，降低了学生对数学的兴趣。

（2）农村教师的年龄普遍偏高，老龄化现象较为严重。师资力量和城市学校相比较为薄弱，这就导致了老师的教育思想和教育理念不新，不能紧跟时代，对于新的教学方式比如多媒体教学不能很快地学习应用，教师综合素质不强也会和城市的数学教育拉开差距。

（3）农村学校不能很好地使用STEAM课程模式。在乡村地区，教育模式单一，只进行单学科教育，不能把各个学科融合在一起，甚至在某些乡村小学连一间正经的STEAM教室和设备都没有，而在城市小学，他们不仅有STEAM教室还有设备甚至都有一套完整的STEAM教育体系，充分地把科学、科技、艺术、工程、数学进行学科结合，把数学进行这样就更加加大了城乡之间数学教育的差距。

（4）农村家庭教育缺失。农村地区学生家长多外出务工对学生教育有所忽略，而祖辈对学生溺爱导致无法对学生学习进行有效的监管。

（5）对学生的数学教育变成了一种应试教育。这种现象不论是在农村还是城市都十分普遍，学生和老师都仅仅局限在怎样通过考试或者怎样在考试中拿到高分，从而使学生大大降低了对数学学习的兴趣，甚至去厌恶数学这一个重要的学科，从而导致了一种数学教育的畸形。

二、对于农村小学数学教育现状提出对策

（1）2008年，根据对我国中部某个省份50多个县将近130个乡镇进行调查发现：只有大约1/5的受访者认为公办小学校舍建设得很好，只有少数人认为课桌椅配备情况良好。但是随着中国教育的发展，就算是在普通的农村小学，教育设施也趋于完善，但是对于多媒体资源的浪费现象在农村也十分严重，多媒体教学在数学教育中发挥着巨大的作用，例如多媒体技术能够直观准确地把图形变化放在屏幕上，避免了一些由于教师画图的误差导致学生不能够理解这个问题的现象，但是农村的老教师利用多媒体技术教学的技能十分欠缺，教师的课件制作水平、多媒体辅助课堂能力有待提升，他们只会在上公开课的时候使用多媒体技术，所以应该对这类教师进行系统的教育，让他们熟练地应用多媒体技术以避免对教育资源设施的浪费，让农村的孩子们也能够享受到和城市小学一样优质的教育资源所带来的优质的课堂。

（2）对中国南部的农村地区200多所教师的年龄问题进行调查中发现在某个县中农村中小学教师有4000多人，平均年龄为46.2岁，农村教师老龄化问题严重，新鲜的年轻力量少且师资流失严重，在中国某个省份近百万中小学教师中农村的小学教师拥有专科学历的占49.35%，将近教师团队的一半，并且比城市低35%，初中教师具有本科学历的占22.19%，这个要比小学教师的百分点要少，但是仍然比城市低41%。由此可见，农村教育队伍的综合素质不强，与城市小学师资力量差异太大，这也导致了城乡之间教育差异。加强农村小学的师资建设、提高农村教师任职门槛是十分有必要的。另外，城乡教师交流活动让农村老师意识到和城市老师的差距，争取向城市老师看齐，城市教师也应该向农村老师，两者互相学习，互相进步，使城乡教育差异逐渐缩小。

（3）STEAM教育在小学教育中意义重大。相比于之前的传统教育，学生在课堂上的参与感更强，学生会更享受学习这个过程，对于在课上感到对知识接受无能，不理解这个知识点等诸如此类的问题有着很大的解决作用。举一个

例子，小学在进行图形的教学中，可以把图形与艺术审美、现实中的应用（比如在建筑学上的应用）相结合，让学生分组分别进行利用图形做一个简单的建筑，给每一个同学安排角色，比如设计师、工程师、观察员等，让每一个同学都参与其中，然后小组之间评比。这就完成了一次简单的STEAM教育在小学数学教育的应用。STEAM教育可以帮助学生对各个学科进行综合教育，拒绝"纯"学科教育，拒绝学科之间的割裂，科学和技术的割裂，学生可以把各科知识进行整合并且对这些知识点进行很好的利用。所以说，STEAM教育对培养学生全面发展的能力有着很大的作用，STEAM教育也会培养更多综合性人才。但是，在农村在数学教育上应用的STEAM教育并不是很多，首先是没有STEAM教育的教室，更不用说机器与教师了。所以，为改变这样的现状，政府要加大投资，教师也应该积极学习如何运用STEAM教育课程。也可从根源上，在师范院校就给师范生们灌输STEAM教育理念，让他们在实际教学中能够应用。

（4）如今的数学教育不论是在农村还是城市都趋于一种应试化教育，不可否认的是，应试教育可以通过考试来筛选人才，但是这只是片面的，在社会上有很多高分低能的现象，尤其是在数学方面，所以说对于数学应试教育的这种模式化的教育会限制学生的思维，而数学能够培养学生全面思考问题的能力，这种能力让学生们终身受益，学习数学会让学生更加严谨，并且能够把在课堂上所学习的知识能够灵活地运用到生活中去。所以说，对于小学数学的教育上，教师应该多让学生提出问题，然后学着去解决问题，如果这个问题有多种解决方案，那就找一个最优解决方案。教师在课堂上让学生多实践，多动手，自己去找问题的答案，找不到答案就让教师去启发讲解。教师也要对学生的结果进行多方位的评价，多鼓励学生。在数学教育的过程中，应该进行德育的渗透。举个例子，在小学生学习面积的时候聊对国家的领土面积、领空面积的认识，让学生因为国家而有一种自豪感。在讲圆这个图形的时候，可以渗透中国的一些古代文化。这既让学生了解了中国传统文化，让学生产生了学习的兴趣，又让学生学到了知识，这也是一种德育。

总而言之，在建设振兴农村时，应加强农村的教育建设，让农村的孩子也能享受到高质量的数学教育，缩小城乡教育差异，早日实现中国教育现代化。

目前，在如何缩小城乡数学教育差异、如何在农村地区展开优质的数学教育课程还有很长的路要走，衡量一个国家的教育水平，并不是这个国家有多少优秀的大学或者中学，而是这个国家农村教育的水平如何，这样才会使国家教育更加强大。要让国家、地方政府、学校、教师、家长和学生拧成一股绳，劲往一处使，这样，我们国家的农村教育就有了希望。

运用游戏教学法构建中职幼师英语新课堂

山东省平度师范学校　綦慧娟

随着社会的不断发展进步与教育改革力度的加大，基于这样新的时代背景下，需要对中职幼师英语教育进行改革，只有这样才能够有利于促进教学质量的提升并更加适应社会的不断发展需求。通过不断的实践创新，我们提出了游戏教学法这种新型教学模式，在实际的中职幼师英语教学过程中把这种新型的教学模式进行落实，可以借助游戏这个媒介，积极调动学生学习的积极性，提升课堂学习效率和教学质量，有利于中职幼师英语的进一步发展。

一、什么叫游戏教学方法

对于游戏教学方法的具体定义就是借助游戏的方式，为学生营造一种轻松、有趣的学习氛围，让学生在快乐中进行学习。在比赛的环节，或者是在一些团体鼓舞活动中，游戏能够让学生慢慢接受所学的知识。"游戏教学方法"简而言之就是将"游戏"和"学习"两者进行适当的融合，以获得不错的教学效果。

二、中职幼师英语课堂教学的现有情况

中职学校的很多学生并不具备扎实的英语基础，甚至有些学生连基础的26个英文字母都不能够正确认识和朗读，对于那些简单的日常对话，还有作文的写作，也不能够正确地进行。正是由于学生的基础能力差，很多学生都产生了厌学情绪，对于英语学习的积极性和主动性不高，导致了实际的英语课堂教学效果比较差，这对中职幼师英语教学的开展产生了很大的阻碍。基于上述情况，就很有必要进行英语课堂教学的更新优化，这样才能够带动起学生的学习兴趣，有利于中职幼师英语课堂更好的开展。

三、如何进行中职幼师英语课堂的游戏教学

（一）将教学目标和有趣性的游戏进行融合

英语课堂教学目标的作用是整个游戏设计的出发点，也可以作为终点。老师通过借助游戏教学这种新型方法，可以让整个课堂过程变得轻松愉悦，与此同时还能够有助于完成相关的教学任务。做游戏只是一种简单的媒介，并不是主要的目的。简而言之，有效教学方法并不是让学生进行纯粹的玩耍，而是让学生通过在玩中进行学习，进而完成相关的教学目的。游戏只是一种方法手段，是为教学而服务。所以，这就要求老师在进行实际的游戏设计过程中，要切合实际根据教学目的和具体内容以及学生的自身情况来进行游戏的制定，要保证游戏的科学性和有效性。结合实际的学习情况，我们很容易发现，学生的基础参差不齐，大部分基础都比较差，对于二十六个字母都认不全，所以，如何设计一个合理的游戏来让学生学会二十六个字母是需要解决的问题。第一点，可以借助英文歌的形式来让学生进行学习，但是很多学生都不好意思开口或者认为太简单并没有取得理想的效果。第二点，后来又采用了竞赛的形式，把一个班级平均分了七个组，让学生进行英文字母的扮演。安排一个学习好的同学在讲台上，当该同学说到N的时候，代表N字母的临近字母即M和O要第一时间内站出来，然后去黑板上写出来自己代表的字母的大小写。对于那些完成情况好、准确率高、正确率高的小组进行积极的表扬。通过这样一种游戏，老师很大程度地调动了学生的积极性和主动性，取得了不错的教学成果，提升了整体的教学质量。在游戏中，学生基本掌握了基础的英文知识，达成了最初的教学目的。

（二）将直观的知识和游戏的多样性进行融合

在实际的教学中，我们要善于利用生活中那些容易可见事物，比如雕塑、模具、图片、动画等，这样可以很大程度地吸引学生的眼球。老师在进行游戏规则设定的时候，一定要保证语言的简单易懂、要公平公正，这样才能够让学习积极主动地参与其中。除此之外，老师还要对游戏的形式进行创新，不能够进行机械的重复，这样才能不断地满足学生的好奇心。

（三）加强合作意识，营造一个健康公正的环境

在实际的游戏教学过程中，老师要根据每个学生的基本情况来合理安排相关的竞赛分组，保证每个组的实力差距不大，这样的竞争才是公平公正的，才能够有助于合理地挖掘出学生的潜力。除此之外，对于这些青春期的孩子来说，他们往往会很在意比赛的最终结果，所以老师一定要注意游戏的公平公正，只有这样才能积极地调动学生的主动性，才能不断地激发学生的学习能力，当然也可以避免由于结果不公正而引发的冲突，只有这样才能够促进中职幼师英语课堂的质量的整体提升。

综上所述，我们可以知道在中职幼师的英语课堂教学中，学生具有很多的优势特点，精通很多技能，比如可以进行唱歌、舞蹈、绘画等，老师要把这些有利条件积极运用到实际的教学课堂中去，这样不仅仅是对传统的英语教学模式的一种改变，还有利于提升学生学习的积极性和主动性，对于英语课堂的教学质量的提升起到了一个有力的促进。改变传统的填鸭式的教学模式，将游戏的乐趣融入教学中，真正让学生做学习的主人，这才有利于中职幼师英语课堂更好的发展。

后 记

乡村兴则国家兴，乡村振兴关键靠人才，灵魂在文化，基石在教育。乡村教育欣欣向荣，是教育现代化的必然要求，也是社会主义现代化强国建设的呼唤。

乡村教师是乡村振兴的重要力量。一直以来，青岛市教育局高度重视乡村教师的培养。为培养一支高素质专业化乡村教师队伍，推进青岛市义务教育均衡快速发展，2018—2020年，青岛市教育局实施了乡村教师素养提升工程，委托青岛市中小学教师培训中心对平度、莱西的乡村教师分学科、分学段、分层次进行了轮训，并持续开展乡村教师专业成长研究，建立了农村教师培训长效机制。以全员培训为基础，突出骨干教师培训；创新培训模式，深入搞好乡村教师培训，以提升乡村骨干教师的专业引领能力为重点，加强了农村基础教育师资队伍建设，缩小了城乡差距，有效促进了青岛市城乡教育事业的均衡发展。

《续航：均衡公平　乡村振兴》一书的出版与发行顺势而为。作为全市教师培训的实施者和教育成果的推广者，青岛市中小学教师培训中心有责任、有义务关注、推动并宣传好乡村教师每一个平凡朴素、甘苦自知而又可歌可泣的教育故事。该书的文稿征集工作得到了老师们的鼎力支持。甚至截止日期过后，不少老师仍打来电话询问。他们从数量到质量都为这本书的结集出版提供了最好的保障，我们在此表示由衷的感谢！

本书包括"坚定信念，深耕乡村教育""播撒爱心，守望童心""且行且学，夯实专业知识""自我革新，提升课堂实效"四大板块，分别侧重乡村教师自身教育经历、育人经验分享、专业发展和教育教学研究。当然，这只是一个大致的分类，每一个具体而真实的教育行为都渗透且体现着教师所有的智慧和能力。课堂多于足迹，足迹多于故事。从稿子内容看，每一篇都是一个好故事。编者几乎为所有文稿做了记录和摘要，每每被眼前的文字和背后的人物感动得热泪盈眶。

"地势坤，君子以厚德载物。"从一篇篇稿子中，我看到了乡村教师的脚踏实地，也感受到了他们扎根农村、播撒大爱的坚定信念。他们深爱着这片厚土，对孩子们细心呵护，对提升自身专业水平勇追不懈，对教学技能精益求精……最重要的，是对教育事业有忠贞不渝的热爱。依靠这样一支队伍，我们的孩子定会得到温暖的关爱和悉心的培育；依靠这样一支队伍，全市教育改革与发展，并构建具有青岛特色的现代化教育体系的愿景也一定能实现！

要特别说明的是，参与本书编写、统稿和审核工作的领导和老师们分工如下：赵宏亮、綦慧娟负责全书的统稿和审核；綦慧娟撰写了四个板块的篇首语，参与了后记的撰写；朱应凯负责第一板块的审核；顾秀雯负责第二板块的审核；丁春燕负责第三板块的审核；郑晶晶负责第四板块的审核。

最后，再一次感谢每一位投稿和参与编写的老师的大力支持。限于编者水平，书中难免有错误和疏漏，竭诚欢迎读者批评指正。

赵宏亮

2022年8月